LEHRE UNS BETEN

Benedikt Peters

Christlicher Mediendienst - **CMD**

© Copyright 2009 by CMD
2. Auflage 2009

Christlicher Mediendienst Hünfeld GmbH – CMD
Postfach 13 22
D-36082 Hünfeld
Tel.: (06652) 91 81 87
Fax: (06652) 91 81 89
E-Mail: mail@mediendienst.org
Internet: www.mediendienst.org

ISBN: 978-3-939833-14-7

Umschlaggestaltung: Michael Leister, Hünfeld
Satz & Layout: Oleksandr Hudym, Berlin
Druck: Bercker, Kevelaer

Wo nicht anders vermerkt, wurde die unrevidierte Elberfelder Übersetzung von 1905 verwendet.

IHNALT

Einleitung 5

Teil 1: Das Gebet... 7

Teil 2: ... des Gerechten 49

Teil 3: ... wenn es ernstlich ist 69

Teil 4: Gründe, warum Gott unsere Gebete nicht erhört 85

Teil 5: Wie können wir beten lernen? 91

Teil 6: Eine betende Gemeinde 99

Anhang: Das Gebetsleben einer gesunden Gemeinde 105

LEHRE UNS BETEN

„DAS GEBET DES GERECHTEN VERMAG VIEL, WENN ES ERNSTLICH IST"
(JAK 5,16)

Dieser Satz enthält drei Hauptwahrheiten:
1. Das Gebet: Es ist *das Gebet*, das viel vermag.
2. des Gerechten: Es muss das Gebet *eines Gerechten* sein.
3. wenn es ernstlich ist: Das Gebet muss *ernstlich, d. h. mit Glauben* sein.

Wir wollen diese drei Wahrheiten in der angegebenen Reihenfolge untersuchen.

TEIL 1:
DAS GEBET...

Gebet vermag viel. Es ist nicht eine schmückende Beigabe des Glaubenslebens, sondern der Dreh- und Angelpunkt des geistlichen Lebens. Bedenken wir: Der Herr lehrte die Jünger nie, wie sie predigen sollen, aber er lehrte sie wiederholt, wie sie beten sollen.

Ein Diener Gottes sagte einmal:

„Bei keinem Christen ist das geistliche Leben tiefer als sein Gebetsleben."

Stimmt dieser Satz? Er stimmt, weil wir im Gebet die einzig richtige Haltung vor Gott einnehmen:
Es ist recht, dass wir beten, weil wir Geschöpfe sind.
Es ist recht, dass wir beten, weil wir Sünder sind.
Es ist recht, dass wir beten, weil wir Erlöste sind.

Wenn wir beten, bekennen wir, dass wir vollständig von Gott abhängig sind. Am Gebet beweist sich und mit unserem Beten bekennen wir, dass Gott Gott und wir bloße Geschöpfe sind, dass alles in Seiner Hand und das gar nichts in unserer Hand ist. Das gilt für alles, was wir im irdischen Leben brauchen und noch mehr für alles, was wir für das ewige Leben brauchen. Wir sind aber in Adam in die Sünde gegangen und haben damit alles verloren. Wir können nichts tun, um das Verlorene wiederzugewinnen. Die Errettung ist göttlich und himmlisch. Alles, was mit ihr zusammenhängt, muss uns von oben gegeben werden:

> **„Ein Mensch kann nichts empfangen, es sei ihm denn aus dem Himmel gegeben" (Joh 3,27).**

In uns ist nichts Gutes:

> **„Ich weiß, dass in mir nichts Gutes wohnt" (Röm 7,18).**

und darum kann aus uns auch nichts Gutes kommen; vielmehr kommt uns alles Gute von Gott zu:

> *„Jede gute Gabe und jedes vollkommene Geschenk kommt von oben herab, von dem Vater der Lichter" (Jak 1,17).*

Darum lautet die eröffnende Seligpreisung, jene Seligpreisung, die die Tür zu allen weiteren Seligkeiten des Reiches Gottes aufstößt:

> *„Glückselig die Armen im Geiste, denn ihrer ist das Reich der Himmel" (Mt 5,3).*

Selig sind die Bettler im Geist, wie es im Griechischen wörtlich heißt. Ein Bettler hat nichts und vermag nichts; darum bettelt er. Selig ist, wer erkannt hat, dass er vor Gott bettelarm ist. Wir haben nichts und wir vermögen nichts; darum müssen wir von Gott alles erbitten.

Und schließlich: Es ist recht, dass wir beten, weil wir Erlöste sind. Wir gehören als solche nicht nur zum Reich Gottes, sondern wir sind auch dazu berufen, an der Ausbreitung dieses Reiches mitzuwirken. Das geschieht durch Gebet. Das Reich, von dem unser Herr in der Bergpredigt spricht, kommt durch die Gebete Seiner Erwählten:

> *„Dein Reich komme" (Mt 6,10).*

Das Reich kommt nicht durch Heer und Macht, also nicht durch die Mittel, die wir hantieren, sondern durch Seinen Geist (Sach 4,6); den Geist und Sein Wirken aber müssen wir erbitten (Mt 7,7-11; Lk 11,13; Apg 1,14; 2,1; 4,31; Eph 1,17).

> „‚Lasst uns unser Herz samt den Händen erheben zu Gott im Himmel!' (Klgl 3,41). Beten lehrt uns unsere ganze Unwürdigkeit, und das ist eine heilsame Lektion für so stolze Wesen wie wir es sind. Gäbe uns Gott seine guten Gaben ohne dass wir darum hätten beten müssen, wüssten wir nie, wie arm wir sind. Wahres

Gebet ist aber ein Inventar unserer Mängel, ein Katalog unserer Nöte, eine Enthüllung unserer verborgenen Armut. Während das Gebet sich an Gottes Reichtümer wendet, bekennt es gleichzeitig die menschliche Nichtigkeit. Das ist der einzige wirklich gesunde Zustand des Christen, dass er in sich selbst immer leer ist und beständig auf den Herrn angewiesen ist, das er ihm gebe, was er selbst nicht hat, dass er in sich selbst arm und allein in Jesus reich ist... Darum ist Gebet so heilsam: Indem es Gott bewundert, erniedrigt es das Geschöpf dahin, wo es hingehört: in den Staub. So ist das Gebet – schon ganz abgesehen von der Erhörung – ein großer Segen für den Christen. Wie der Läufer durch sein tägliches Üben für den Wettlauf immer tüchtiger wird, so gewinnen wir für unseren großen Lebenslauf täglich Kraft in der heiligen Arbeit des Gebets. Gebet lässt den Jungadlern Gottes die Flügel wachsen, so dass sie lernen aufzufahren über die Wolken. Gebet gürtet den Streitern Christi die Lenden und sendet sie in den Kampf mit gestählter Brust. Der Gebetskämpfer erscheint aus dem Kämmerlein wie die Sonne im Osten aufgeht und freut sich wie ein Held zu durchlaufen die Bahn. Gebet, das sind jene erhobenen Hände Moses, welche die Amalekiter wirksamer zurückdrängen als das Schwert Josuas. Es ist der Pfeil, der aus der Kammer des Propheten entsandt wird und den Syrern Niederlage ankündigt. Gebet gürtet menschliche Schwäche mit göttlicher Stärke, macht menschliche Torheit zu göttlicher Weisheit und gibt bekümmerten Sterblichen den Frieden Gottes. Wir wissen nicht zu sagen, was Gebet nicht vermöchte! Wir danken Dir, großer Gott, für den Gnadenthron, diesen erlesenen Beweis deiner Liebe und Güte!" (C.H. Spurgeon, Morning and Evening, 11. Oktober, Morgen).

Ein unbekannter Christ, der etwas von der Bedeutung des Gebets verstanden haben muss, schrieb einmal:

> „Die verborgene Ursache für unser Versagen, ist unser Versagen im verborgenen Umgang mit Gott" (Der kniende Christ).

1. Gebet hat Vorrang

Gebet stand am Anfang der Errettung Israels aus Ägypten (2Mo 2,23.24; 5Mo 26,7). Gebet stand am Anfang des neuen Lebens einer jeden geretteten Seele (Ps 107,6.13.19.28; Röm 10,12.13). Gebet stand am Anfang einer jeden geistlichen Bewegung im Volk Gottes. D. L. Moody sagte zu Recht:

> „Jede große Bewegung, die Gott schenkte, lässt sich auf einen Beter auf den Knien zurückverfolgen" (zitiert bei E. F. Harvey: Sieghaftes Beten, S. 9).

Die Richterzeit wird meist als eine Zeit des Niedergangs bezeichnet, und das war sie wohl. Sie war aber auch eine Zeit der Erweckungen, die Gott immer wieder schenkte und durch die der Niedergang oft über Jahrzehnte aufgehalten wurde. Das Buch Richter lehrt uns besonders deutlich, wie jede Erweckung kam, als das Volk Gottes anfing, zu Gott im Himmel um Sein Eingreifen zu schreien (Ri 3,9.15; 4,3; 6,7; 10,10). Das hat sich in der Geschichte des neutestamentlichen Gottesvolkes seit Pfingsten unzählige Male wiederholt. Hier ein Beispiel:

„Bitte, betet um Erweckung in Hingwah!" Das hatte eine Missionarin aus dem südchinesischen *Hingwah* an Freunde in Amerika geschrieben. Zwei ältere Schwestern in ihrer Heimatgemeinde nahmen den Aufruf ernst und begannen um diese Erweckung zu beten. Nach einer längeren Zeit der innigen täglichen Fürbitte gab ihnen Gott die Gewissheit, dass Er am kommenden Karfreitag (es war im Jahre 1911) die Gemeinde heimsuchen werde. Die beiden Beterinnen schrieben der Missionarin in Hingwah, sie solle sich bereithalten, am Karfreitag werde in ihrer Gemeinde Erweckung ausbrechen. Der Brief kam zu spät an, aber die Erweckung kam am Karfreitag, wie Gott den beiden Beterinnen verheißen hatte.

> „Der Prediger jenes Karfreitags hatte nicht den Ruf, ein Evangelist zu sein noch besondere Gaben zu besitzen. Aber er war ein hingegebener Mann, den Gott gebrauchen konnte, ohne dass es ihm in den Kopf stieg. Während er die Leiden des Herrn schilderte, brach

er zusammen und begann zu weinen, weil er seine Sündhaftigkeit in einem grelleren Licht sah als je zuvor. Das Überführtsein griff auf die ganze Versammlung über und bald lag jedermann auf dem Gesicht und bekannte Gott seine Sünden. Es folgten Aussöhnungen und Wiedergutmachungen. Gemeindeglieder, die jahrelang Feinde gewesen waren, wurden Freunde. Eine gereinigte Gemeinde wurde zu einer missionarischen Gemeinde, und innerhalb von einem oder zwei Monaten kam es zu 3000 Bekehrungen. Viele Gemeindehäuser wurden im ganzen Distrikt gebaut und die Gemeinden von Hingwah wurden aus einem Leben der Lauheit und der eingespielten Formen auf eine Ebene neuer christlicher Realität gehoben. Zum ersten Mal war Erweckung zu dieser Gemeinde gekommen" (Leslie T. Lyall: John Sung – A Flame for God in the Far East, S. 8-9).[1]

Wir können folgende zwei Gründe nennen, warum Gebet im Leben des einzelnen Gläubigen und im Gemeindeleben Vorrang haben muss:

- Gebet öffnet den Himmel über uns (Lk 3,21)
- Gebet öffnet dem Heiligen Geist alle Türen, in und durch uns zu wirken (Lk 3,22)

Selbstverständlich ist die Taufe unseres Herrn und das damit verbundene Geschehen einmalig. Wir können aus ihm aber Prinzipien ablesen, die wir auf alle anwenden können, die des Herrn sind. Gebet öffnete einem jeden von uns den Himmel, als wir zum ersten Mal in unserer Sündennot zum Herrn riefen, und er uns erhörte (vgl. Ps 107,6.13.19.28). Seitdem ist uns der Himmel rechtlich aufgeschlossen. Aber faktisch öffnet sich uns der Himmel jedes Mal dann, wenn wir im Gebet das Angesicht dessen suchen, der im Himmel thront (siehe Ps 123,1; Heb 4,16). Und als wir bekehrt wurden und Gott uns als seine Kinder annahm, sandte er den Geist der Sohnschaft in unsere Herzen (Gal 4,7), der seither in uns wohnt (2Tim 1,14). Aber erst dann und in dem Maß, wie wir uns im Gebet vor Gott niederwerfen und uns unter seine Hand demütigen und

---

[1] Es gibt eine freie deutsche Bearbeitung dieser Biographie: „So lange es Tag ist" von Johanna Lorch.

uns seinem Willen ergeben, gehen dem Heiligen Geist alle Türen auf, uns zu erfüllen, wie das auch bei den Aposteln der Fall war:

> *„Als sie beteten*[2]*, bewegte sich die Stätte, wo sie versammelt waren, und sie wurden alle mit dem Heiligen Geist erfüllt und redeten das Wort Gottes mit Freimütigkeit"*
> *(Apg 4,31).*

Gebet muss Priorität haben, denn:

> *„Ohne mich könnt ihr nichts tun" (Joh 15,5).*

Wenn das stimmt, dann müssen wir mehr als alles andere nach Gottes Beistand, Gottes Gegenwart, Gottes Hilfe, Gottes Geben trachten. Was heißt das anderes, als zuerst beten, dann arbeiten; und nach dem Arbeiten wieder beten (wie es unser Herr tat; siehe Joh 11,41.42; Lk 5,15.16).

Wir haben erkannt (Ps 118,8.9) und wir haben erfahren (Ps 60,13), dass Menschen weder helfen noch trösten, weder stärken noch retten können (Ps 69,18-21). Im Lauf der Jahre wächst das Bewusstsein unserer vollständigen Ohnmacht, wenn es darum geht, Problemgeschwister zurecht zu bringen und Sünder zur Buße zu bewegen. Wir erkennen immer klarer, dass wir nichts in der Hand haben; dass wir alles von Gott erbeten müssen.

Wer nicht betet, glaubt er habe sich, die Umstände, die Menschen und die Zukunft in seiner Hand. Welcher Wahn! Welcher Hochmut! Welche Sünde! Wundern wir uns noch, dass der Herr dann nicht mit uns ist?

---

[2] Fast alle übersetzen: „Als sie gebetet hatten...". Im Griechischen steht ein sog. Participium coniunctum, und mit Partizipien kann man im Griechischen bekanntlich keine Zeitstufen markieren. Zudem kann ein solches Partizip eine zeitliche oder logische Folge ausdrücken. Das heißt: Wir müssen uns fürs Deutsche entsprechend dem Zusammenhang dafür entscheiden, ob wir an obiger Stelle „als/weil sie beteten", oder „als/weil sie gebetet hatten" übersetzen. Ich habe wie oben übersetzt, weil damit deutlicher zum Ausdruck kommt, wie durch Gebet und schon während des Betens der Heilige Geist weiten Raum im Beter gewinnt.

2. Alle Knechte Gottes im Alten Testament waren Beter

Wie Gebet Priorität haben muss im Leben der Heiligen Gottes, zeigt das Leben der Erzväter und Propheten. Das sind die Männer, durch die Gott seinen Heilsrat vorantrieb. An ihnen lernen wir, dass nur Beter in dieser hohen Berufung ihren Platz und ihre Aufgabe finden.

Mit einigem Selbstbewusstsein beteuern wir immer wieder die Überlegenheit der neutestamentlichen gegenüber den alttestamentlichen Gläubigen. Was befremden muss, ist die Tatsache, dass wir, die wir uns so gesegnet und privilegiert wissen, kaum je mit solchem Ernst beten und im Gebet solch triumphierende Gewissheit kennen wie verschiedene Knechte Gottes im Alten Testament. Woran liegt das?

Abraham, der Vater der Gläubigen (Röm 4,11.12), war ein Beter. Kaum war er, wie Gott ihm bei seiner Berufung verheißen hatte, am Ort der Verheißung angekommen, rief er den Namen des Herrn an (1Mo 12,8). Das blieb bestimmend für sein ganzes Glaubensleben, wie folgende Stellen zeigen: 1. Mose 13,4.18; 15,2.3; 17,18.20. Eine der eindrücklichsten Lektionen über Fürbitte findet sich in 1. Mose 18,23-33. Gott offenbart Abraham seine Absicht, die Stadt Sodom heimzusuchen, und darauf antwortet Abraham als der Mann Gottes, der er ist, mit Fürbitte für die Stadt. Zunächst lernen wir hieraus, dass Gott Seinen Kindern und Knechten Seine Absichten auch deshalb enthüllt, damit sie anfangen, Ihn im Gebet zu bitten, Seine Absichten zu verwirklichen. Gott hat Seine Heiligen, wie oben gesagt, zu Mitarbeitern an Seinem Wirken in der Welt gemacht.

Wie Abraham betet und auf seine Bitte eine Antwort bekommt, die ihn zur nächsten Bitte drängt, die wieder ihre Antwort erhält, muss uns sehr verwundern und wohl auch beschämen. Es sind nicht viele unter uns, die das kennen, ein solch freimütiges Reden zu Gott, das fortwährend beantwortet wird. In Kapitel 19,29 erfahren wir, dass Gott Abrahams Fürbitte für die Gerechten in der Stadt erhörte, indem er den einzigen Gerechten, den es dort gab, mit zwei Töchtern aus dem Gericht herausrettete. In 1. Mose 20,7.17 bekommen wir Einblick in die überaus verwunderliche

Tatsache, dass die Geschicke heidnischer Könige mit den Gebeten der Heiligen Gottes verquickt sind.

Jakob wurde am Ende einer Gebetsnacht zu Israel (1Mo 32,27; Hos 12,4.5). Die Episode von 1. Mose 32 steht am Ende seines zwanzigjährigen Exils im Zweistromland. Zum ersten Mal begegnen wir hier Jakob, dem vom Gott Erwählten, im Gebet (V. 9). Ob er in den zurückliegenden Jahren nie gebetet habe, wissen wir nicht, aber wir können wohl mit einigem Recht behaupten, dass Jakob erst hier lernte zu beten. Davor hatte er stets seinem Verstand und seinem Geschick vertraut, und er war dabei ganz erfolgreich gewesen (obwohl er auch dabei Gottes Güte alles verdankte; siehe 28,12-15). Die Not lehrte ihn beten, wie das so oft der Fall ist. In der Nacht am Jabbok machte Jakob einen Anfang; dort schmeckte er etwas von der Wirklichkeit der hohen Berufung der Erwählten Gottes: Sie sollen vor Gott stehen; sie dürfen zum Ihm rufen und wissen, dass Er sie hört.

Damit Jakob zum Beter werden konnte, mussten drei Dinge an ihm geschehen, die hier vermerkt sind: Er musste dahin kommen, dass er allein ist, allein vor Gott, ohne jede menschliche Hilfe und Stütze (V. 24); er ringt im Gebet (V. 24.25; siehe Hos 12,4.5), und er lässt nicht locker, bis er das Erbetene empfangen hat (V. 26).

Hier haben wir die entscheidenden Komponenten, auf die es uns in dem vorliegenden Buch ankommt. Wie wird man ein Beter? Was ist ein Beter? Jakob war schon über zwanzig Jahre ein Gläubiger gewesen, ehe er anfing ein Beter zu werden. Vielen von uns geht es auch so. Wir hatten bei der Bekehrung und einige Zeit danach gebetet und Gebetserhörungen erfahren. Und dann versanken wir in eine seltsame Form der Gebetslosigkeit. Wir beteten zwar noch, aber eigentlich sprachen wir nur noch Gebete. Wir sagten richtige Dinge, immer etwa die gleichen Ausdrücke, aber ohne Glauben, ohne Erwartung, ohne gespanntes Ausschauen nach der Erhörung. Es muss uns irgendwann einmal so ergehen wie Jakob. Wir müssen in solche Not kommen, in der wir erkennen, dass wir keinen Helfer haben außer dem Herrn, und wir müssen wohl auch durch eine solche Nacht gehen, in der uns jede Stütze genommen ist und Gott anfängt, uns niederzuringen. Dann erreichen wir jene Grenze, die wir einmal überschritten haben müssen. Dann beginnen wir Gott und

Sein Wort so ernst zu nehmen, dass wir entschlossen sind, so lange zum Herrn zu schreien und von Ihm nicht zu lassen, *bis Er antwortet*.

> *„Ich hebe meine Augen auf zu dir, der du thronst in den Himmeln! Siehe, wie die Augen der Knechte auf die Hand ihres Herrn, wie die Augen der Magd auf die Hand ihrer Gebieterin, also sind unsere Augen gerichtet auf den HERRN, unseren Gott,* **bis** *er uns gnädig ist" (Ps 123,1-2).*

Mose war ein Beter. Das zeigt sich vielleicht nirgends so deutlich wie in 2. Mose 5,22 und in nachfolgenden Belegen. Mose ließ sich von Gott zu seinem Volk senden, er ordnete sein Leben dieser Sendung und damit dem Wohl des Volkes Gottes unter, und er wurde von Angehörigen dieses Volkes angegriffen (5,21). Mose gibt den undankbaren Israeliten nicht postwendend zurück, sondern wendet sich reflexartig an Gott. Dieser Reflex beweist, dass er in den Jahren der Stille vor Gott ein Beter geworden ist; denn so reagiert nur ein gewohnheitsmäßiger Beter (siehe auch 6,12; 15,24.25; 17,3.4).

Nur ein gewohnheitsmäßiger Beter, jemand, der im jahrelangen Umgang mit Gott gelernt hat zu bitten und während des Bittens bereits zu empfangen (siehe Mk 11,24), gewinnt die Kühnheit, die Mose hatte. Oder wer von uns hätte die Kühnheit gehabt, einem Pharao anzukündigen, man werde beten, dass die Froschplage aufhöre (8,4-8)? Was wäre gewesen, hätte Gott auf das Gebet des Mose nicht gehört? (siehe auch 5,25.26; 9,29.33; 10,17,18). Und ein Beter wie Mose weiß, dass Sieg und Niederlage gegen jeglichen Feind in Gottes Händen sind, und darum erbittet er alles von Ihm (17,8-13). In 2. Mose 32,11.31; 33,12.15.18; 34,8 lernen wir Mose als Fürbeter kennen, auf dessen Gebet hin Gott das verdiente Gericht von seinem Volk abwendet (siehe Ps 106,23) und durch dessen Fürbitte ein noch gefährlicherer Feind als Amalek (siehe 2Mo 17) überwunden wird, nämlich die Sünde im eigenen Volk.

Josua war ein Beter (Jos 7,6.7; 10,12-14). Wie wichtig Gebet ist, hatte er an Mose während all der Jahre, die er in seiner Nähe verbrachte, gesehen. Wie lernte er denn selber beten? Indem er selber betete (2Mo

33,11). Man wird eben ein Beter, indem man betet. Es gibt keine andere Schule des Gebets. Josua war also in den 40 Jahren an der Seite Moses zu einem Beter geworden. Das erklärt seine Reaktion auf den Schock der Niederlage vor Ai. Er beginnt nicht damit, nach dem Schwachpunkt in der Strategie vor Ai zu fahnden, oder den Fehler bei den Teilnehmern am Feldzug zu suchen. Sondern er wirft sich vor Gott auf die Erde (Jos 7,6) und harrt vor Gottes Angesicht so lange aus, bis Gott redet: „Da sprach der HERR zu Josua..." (7,10).

Und noch mehr als bei Mose müssen wir uns über Josuas Freimütigkeit verwundern. Man bedenke, worum er in 10,12-14 betete, und das vor den Ohren des ganzen Volkes! Es steht ausdrücklich: „Damals redete Josua zu dem HERRN... und sprach vor den Augen Israels...". Manche von uns wagen es nicht, in Gegenwart anderer um Dinge zu bitten, die so bestimmt sind, dass man nachprüfen kann, ob die Bitte angenommen wurde oder nicht. Meistens sagen wir in unseren Gebetsstunden: »Herr, du kannst meinem Nachbarn die Augen öffnen.« Das ist sicher wahr, aber das ist erst ein Bekenntnis, das ist noch keine Bitte. Oder wir werden aufgefordert für Bruder X zu beten, der krank ist. Das Kühnste, das jemand zu bitten wagt, ist dann meistens: „Herr, tröste unseren Bruder!" Mit dieser Bitte exponiert man sich nicht. Und dann sagt jemand dem Herrn: »Herr, du kannst ihn heilen.« Selbstverständlich kann Er das. Warum aber wagt niemand den Herrn zu bitten: »Herr, heile ihn!« Wohl, weil niemand den Glauben dazu hat, und da ist es in der Tat auch richtig, nicht so zu beten. Ohne Glauben um Heilung zu beten, wäre Fanatismus. Aber warum hat niemand den Glauben? Weil niemand ein gewohnheitsmäßiger Beter ist, der in der Schule des Gebets gelernt hat, zu bitten und zu empfangen, der weiß, wann Gott ihm den Glauben gegeben hat, für ganz bestimmte Dinge zu beten. Das aber lernt man nicht aus Büchern oder aus Appellen, sondern das lernt man nur im stetigen Umgang mit Gott, im täglichen Liegen vor Gottes Angesicht.

Hanna: Die Erweckung in Israel, die mit dem Dienst Samuels begann und ihren Höhepunkt in der Regierung Davids über das Volk Gottes erreichte, begann mit einer betenden Frau (1Sam 1)[3]. Sie flehte so lange

---

[3] Auf diesen Zusammenhang wurde ich durch den indischen Gottesknecht Bakth Singh aufmerksam gemacht.

und Gott ließ sie so lange warten, bis Er sie erzogen hatte und sie so weit war, dass sie nichts mehr für sich und alles für Gott und Seine Ehre wollte. Da gab ihr der Herr, worum sie bat. Samuel, den Sohn ihrer Bitten, gab sie einige Jahre später aus ihrer Hand, und er wurde zum Propheten in Israel. Durch ihn wurde David, der Mann nach Gottes Herzen, gesalbt und eingeführt. Unter David wurde erstmals seit den Tagen Moses und Josuas das ganze zwölfstämmige Volk wieder auf die Höhe seiner Berufung geführt. Das ist eine Umschreibung für geistliche Erweckung; und diese Erweckung begann mit einer einsamen Beterin, setzte sich fort durch ihren Sohn, der auch ein Beter war, und fand in einem weiteren Beter, in David, ihre Vollendung.

Samuel war als Antwort auf Gebet empfangen worden. Er wird vom Vorbild seiner Mutter gelernt haben und wurde selbst ein Beter. Nur ein Beter, der weiß, was es heißt, zu bitten und zu empfangen (1Sam 7,8.9), hat solche Kühnheit, wie Samuel sie bewies, als er dem Volk ankündigte, er wolle Gott bitten, zu donnern mitten in der Erntezeit, in der es sonst weder Wolken noch Regen noch Gewitter gibt (12,16-18). Und was wir bei Mose gesehen haben, stellen wir auch bei Samuel fest: Nur ein gewohnheitsmäßiger Beter wendet sich bei unerwarteten und unwillkommenen Geschehnissen reflexartig als erstes an Gott (8,6). Nur ein Beter empfindet, dass es Sünde ist, die Fürbitte für das Volk Gottes zu vernachlässigen (12,23). Wer kein Beter ist, klagt sich selbst zwar von Zeit zu Zeit an, dass er so wenig Zeit im Gebet verbringt, aber die Tatsache, dass es nichts an seinen Gewohnheiten ändert, zeigt jedes Mal neu, dass er in der Gebetslosigkeit nicht viel mehr sieht als einen kleinen, eher entschuldbaren Mangel, von dem überdies auch viele andere befallen sind.

David war ein Beter, wie seine Biographie und mehr noch seine Psalmen zeigen.: 1Sam 23,2.4.10; 30,8; 2Sam 2,1; 5,19.22; 7,17-29; 12,16; 15,31 (zu vergleichen mit Ps 3,5); 22,1.4.14; 24,10.17.25. Ps 3,1-5; 6,9-11; 18,4.7; 86,1-7;118,5.6; 145,18.19. Greifen wir nur eine Episode heraus. Durch Davids Versagen verloren er und alle seine Leute ihre Familien (1Sam 30,1-4). Was tut David nun? In V. 6 steht der für David unendlich bezeichnende Satz: „Aber David stärkte sich in dem HERRN, seinem Gott." Er warf sich in Gottes Arme, und er begann, zu ihm zu rufen. Er fragte Gott, ob er dem

Feind, der alles geraubt hatte, nachsetzen soll. Der HERR antwortete, und damit wendete sich das ganze böse Geschick (V. 6-8).

Nehmen wir noch ein Beispiel aus Davids Gebeten: Psalm 119,145-147. Wer unter uns betet mit solchem Ernst? Wer verbindet sein Beten mit dem Verlangen und dem Versprechen, ein Leben des Gehorsams zu leben? Und wer betet und wartet dann, bis Gott redet?

Elia war ein Beter. Woher nahm er die Kühnheit, die Witwe zu bitten, ihm ihren toten Sohn zu geben, um dann Gott zu bitten, diesen aus dem Tod zu erwecken (1Kön 17,20-22)? Und woher kam ihm der Mut, im Vertrauen auf seinen Gott allein ein ganzes Heer von Götzenpriestern herauszufordern, und das vor versammeltem Gottesvolk (18,36-39)? Hatte denn dieser Mann keine Angst, einen launischen Herrscher wie Ahab gegen sich aufzubringen, als er ihm den drei Jahre und sechs Monate lang ausgebliebenen Regen ankündigte (18,41-45)? Was, wenn der Regen nicht gefallen wäre? Die Antwort ist immer die gleiche. Wen Gott gelehrt hat, Sein Angesicht im Gebet zu suchen, findet wachsende Gewissheit über Gottes Wege, Gottes Absichten und Gottes Willen und kann entsprechend beten, und Gottes Wille geschieht (siehe Jak 5,17.18).

Jesaja war ein Beter, und das wusste man in Jerusalem, weshalb der König Hiskia in der Not zu Jesaja sendet mit der Bitte: »Erhebe eine Gebet für den Überrest, der sich noch vorfindet« (2Kön 19,2-4). Wir bitten ja gerne Geschwister, für uns und für unsere alltäglichen kleinen Herausforderungen zu beten. Manchmal aber fallen wir in solche Klemmen, dass wir nur den einen oder anderen ganz bestimmten Heiligen um Fürbitte ersuchen.[4] In 2Chr 32,20 erfahren wir, dass König Hiskia zusammen mit Jesaja zum Herrn schrie, während das assyrische Heer vor den Toren Jerusalems lag und nur darauf wartete, dass man ihm die Tore öffnete. Was tut König Hiskia? Nur beten? So würden wohl manche von uns sagen. Man müsse doch auch realistisch und vernünftig sein. Ist es nicht

---

[4] Einmal stand der Fortgang unserer Gemeinde auf dem Spiel, und innerhalb weniger Stunden sollte ein Gespräch stattfinden, an dem sich der ganze weitere Weg der Gemeinde entscheiden würde. Da ging ich die ganze Adressliste unserer Gemeinde durch und wusste genau, wer für solche Dinge beten konnte und beten würde. Diese Wenigen rief ich einzeln an. Sie schrieen zum Herrn, und an jenem Abend siegte die Sache des Herrn.

Gott versucht, wenn man ein akzeptables Angebot zur ehrenvollen Kapitulation in den Wind schlägt und sich in die Gebetskammer flüchtet? Die Bewohner Jerusalems konnten dankbar sein, dass sie einen König hatten, der wusste, wo die Würfel wirklich fallen.

Jeremia war ein Beter. Das bewies er mit seiner Beharrlichkeit. Er hörte nicht auf, für das Volk zu beten, bis ihm der Herr dreimal gesagt hatte, er solle aufhören für sein Volk zu beten (7,16; 11,14; 14,11). Dass man den Propheten beim Beten bremsen muss, spricht Bände über sein Gebetsleben. Entsprechend bekommt er so unmissverständliche Antworten vom Herrn, wie sie eben nur ein solcher Beter bekommt (z. B.14,13.14; 18,19-19,9; 32,16.26.27)

Habakuk war ein Beter. Sein ganzes Buch beginnt mit Gebet (1,2) und endet mit Gebet (3,1). Was dazwischen steht, sind die Antworten, die Gott ihm auf seine Gebete hin gab. Dass Habakuk mit Glauben betete, erkennen wir daran, dass er, nachdem er gebetet hatte, Ausschau nach Gottes Antwort hielt (2,1).

Daniel war ein Beter. Als Antwort auf sein Beten offenbarte ihm Gott die Geheimnisse Seiner himmlischen Regierung und Seines kommenden Reiches (Dan 2,17.23).[5] An Daniel 6,11 können wir ablesen, dass ein Mann, der wie Daniel sein Leben lang ein Beter gewesen ist, vom Beten nicht mehr lassen kann. Es ist ihm zur zweiten Natur geworden, so notwendig wie das Atmen. Er kann und er will ohne die Zwiesprache mit seinem Gott nicht mehr sein; lieber sterben. So hat Gottes Sohn uns beten gelehrt, dass Gottes Reich komme und Gottes Wille geschehe (Mt 6,10). An Abraham haben wir bereits gesehen, wie die Gebete der Heiligen sogar das Ergehen der Könige der Welt lenkten (1Mo 20). Das letzte Buch der Bibel bestätigt diese im ersten Buch der Bibel gelehrte Wahrheit: Der Gang der Reiche der Welt und ihr Ende in den göttli-

---

[5] Wir sollten das mit dem Gebet von Eph 1,17 vergleichen. Dort betet Paulus für die Heiligen, dass Gott ihnen den Geist der Weisheit und Offenbarung gebe, um die uns in Christus gewordenen und offenbarten Geheimnisse des Heils zu verstehen. Er betet für die Heiligen so, weil er für sich selbst auch um das Wirken des Geistes beten musste, damit er die göttlichen Geheimnisse verstehe.

chen Gerichten wird ausgelöst durch die Gebete der Heiligen (Off 8,4-6). Das Buch Daniel hat die Reiche der Welt und das kommende Reich des Menschensohnes zum Hauptthema. Dass gerade der Prophet, der diese Botschaften empfing, sich auch als Prophet in besonderer Weise als Beter auszeichnet, bestätigt das eben Gesagte: Die Weltgeschichte, die nichts ist als der äußere Rahmen für die eigentliche Geschichte, nämlich die Heilsgeschichte, geht durch die erhobenen Hände Seiner betenden Knechte von Gottes Thron aus.

Wir lernen an Daniel 9, wie er zeitgeschichtliche und tagespolitische Umwälzungen erstens im Licht des Wortes Gottes deutet: Daniel erkennt, dass das babylonische Reich durch das persische abgelöst worden war nach Gottes Vorsatz und zur von Gott vorher bestimmten Stunde (Jer 25,11.12). Das wiederum lehrt ihn zu fragen, wie diese Umwälzung in der Welt der heidnischen Reiche mit Gottes Vorsatz für Sein Volk zusammenhänge, und er findet die Antwort in der Bibel, in Jeremia 29,10. Und so wirft er sich vor Gottes Angesicht nieder und beginnt für sein Volk zu beten. Sollten wir als Christen nicht auch in der gleichen Weise offene Augen haben für Gottes Walten in der Geschichte und darin das göttliche Lenken aller Umstände sehen, das Seinen Heilsrat vorantreibt und auf die Vollendung Seines Volkes zustrebt? Stellen diese Wirklichkeiten die Aufforderung von 1. Timotheus 2,1-4 nicht erst in ihren eigentlichen Zusammenhang?

Und schließlich lernen wir in Dan 9, dass dem Fürbeter weitere und tiefere Einsichten in Gottes Wege offenbart werden: Auf die Fürbitte Daniels für sein Volk antwortet Gott, indem Er einen Engel sendet, der Daniel den weiteren Gang der Geschichte seines Volkes enthüllt (9,20-27).

Nehemia war ein Beter. Das einleitende Kapitel ist die Erklärung für den ganzen weiteren im Buch erzählten Verlauf der Dinge. Alles beginnt mit ausharrendem Gebet (Neh 1,4). Bei ihm begegnen wir zudem dem gleichen Reflex, den wir bei Mose, bei Josua, bei Samuel und bei David gesehen hatten. Kaum hört er von der Not in Jerusalem, wendet er sich an den Herrn (1,4; siehe auch 2,4; 3,36). Von Nehemia lernt das Volk, auf den Spott der Feinde nicht zu antworten, sondern sich sofort an den Herrn zu wenden (4,3).

3. Unser Herr und die Apostel waren Beter

Unser Herr war ein Beter. Das wird am deutlichsten in jenem Evangelium gezeigt, das uns Jesus als den vollkommenen Menschen zeigt, im Lukasevangelium. Neun Mal finden wir dort den Herrn im Gebet: Lukas 3,21; 5,16; 6,12; 9,18; 9,29; 11,1; 22,32; 22,41-44; 23,34.

Ehe der Herr Seine erste Predigt hielt und noch bevor Er irgendein Wunder gewirkt hatte, betete Er, nämlich bei der Taufe (Lk 3,21, was uns nur Lukas überliefert hat). Damit zeigte Er, dass Gebet den Vorrang in Seinem Dienst hatte. Er begann auch jeden Tag mit Gebet (Mk 1,35). Bevor Er ein Wunder wirkte (Joh 11,41.42) und nachdem Er Wunder gewirkt hatte, betete Er (Lk 5,15-17). Er berief die zwölf Apostel, nachdem Er eine ganze Nacht im Gebet verharrt hatte (Lk 6,12), Er betete für seine Jünger, dass Gott sie erleuchten möge (siehe Mt 16,17), ehe Er die Frage nach Seiner Identität an sie richtete (Lk 9,18). Er musste beten, bevor Er auf dem Berg verklärt werden konnte (Lk 9,29). Er betete für Petrus, sonst wäre dieser nach seinem Versagen nicht mehr zum Herrn zurückgekehrt (Lk 22,32); Er betete im Garten Gethsemane und wurde dabei gestärkt, den Kelch aus der Hand des Vaters entgegenzunehmen, und schließlich: Er tat noch am Kreuz Fürbitte (Lk 23,34). Sein ganzer Dienst war vom Anfang bis zum Ende von Gebet durchdrungen. An seinem Gebetsleben bewies der Herr, dass Er der vollkommene Mensch war, aber auch, dass Er der vollkommene ewige Gottessohn war (Ps 2,8; Joh 11,41.42), der als Einziger zum Vater sagen konnte: „Ich wusste, dass du mich allezeit erhörst...", und: „Alles, was mein ist, ist dein, und was dein ist mein" (Joh 11,42; 17,10).

Paulus war ein Beter: Das erste, was der Himmel an ihm vermerkt, ist: »Siehe, er betet« (Apg 9,11). Der Apostel arbeitete und arbeitete sein ganzes Leben; er arbeitete sogar mehr als alle andern (1Kor 15,10). Und er betete und betete und betete. Nur deshalb konnte er so viel arbeiten, weil er so viel betete, und nur deshalb war sein Arbeiten nicht fruchtlos. Paulus betete unablässig für die Heiligen (Röm 1,9); er betete aus großer Liebe zu ihnen und mit großem Verlangen nach ihnen (Röm 1,10). Er betete für sie mit Freuden (Phi 1,4), er betete für sie Tag und Nacht

(2Tim 1,3). Und redete in fast allen seinen Briefen (Galater ausgenommen) von seinen Gebeten und von seinem Gebetsleben.

Wann werden wir es glauben, dass wir an unserem Herrn und mit den Aposteln lernen müssen, zu beten? Wann werden wir es beherzigen, dass all unser Planen und Ausdenken von Strategien und Programmen – wenn überhaupt – frühestens an dritter oder vierter Stelle kommen darf? Aber wir glauben es nicht und machen darum das Unwichtigere zum Wichtigsten und das Wichtigste zur Nebensache. So diskutieren und organisieren, üben und rennen wir und bringen wenig, sehr wenig ein (vgl. Hag 1).

Die Apostel waren Beter: Gebet ging dem Pfingstgeschehen voraus (Apg 1,5.12; 2,1). Hindernisse, die sich ihnen in den Weg stellten, wurden durch Gebet überwunden (Apg 4,24-31; 6,4-6; 16,16.25). Die Aussendung von Missionaren geschah nach Gebet (Apg 13,2.3), und die Einsetzung von Ältesten geschah unter Fasten und Beten (14,23). Für die Apostel war Gebet so wichtig wie die Bibel. Beides, Gebet und Dienst am Wort, war für sie volle und vollwertige Arbeit:

> *»Wir werden im Gebet und im Dienst des Wortes verharren« (Apg 6,4).*

Wie es bei den Aposteln war, so war es auch in den von ihnen gegründeten Gemeinden: Das Gebet kam zuerst, dann das Lehren und Evangelisieren (siehe 13,1-3) – nicht umgekehrt. Heute muss man schon dankbar sein, wenn Dienst am Wort und dann Gebet und dann Organisieren und Rotieren kommt. Aber das ist ja schon sehr, sehr selten. In den allermeisten Gemeinden kommt zuerst das Ausbrüten von Programmen und Strategien, das Besuchen von Kongressen und Seminaren, dann das Diskutieren darüber, wie man die Strategien am besten umsetzt, dann Werbung, und dann das Einüben von Musik oder anderer noch unwichtigerer Dinge. Der Aufwand an Zeit und Energie zeigt, dass allen entgegen gesetzten Beteuerungen zum Trotz uns diese Dinge die Wichtigsten sind. Vielleicht bleibt auch ein wenig Zeit für Bibelstudium und (wenn überhaupt) Bibellehre, und dann als Letztes und damit Unwichtigstes:

Gebet – falls man unser seichtes Geplapper überhaupt Gebet nennen darf. In allzu vielen Fällen sind unsere Gebete nicht mehr als ein Aufwärmen von Standardwünschen, die so halbherzig gesprochen werden, dass niemand sie ernst nehmen kann.

In der Gebetslosigkeit muss der wirkliche Grund für unsere Kraftlosigkeit, Fruchtlosigkeit, Lieblosigkeit, Wirkungslosigkeit, Harmlosigkeit, Lauheit und Fadheit liegen.

Ganz anders sah es im Leben der ersten Christen aus:

Die Urgemeinde war eine betende Gemeinde (Apg 2,42; 4,24; 12,5; 13,1-3). In Kapitel 4,24 zeigt sich der uns inzwischen wohlbekannte Reflex: Die Jünger hören, wie die Obersten des Volkes sie mit Verboten und Drohungen vom Predigen abhalten wollten. Einmütig und wie mit einem Mund rufen sie sofort zum Herrn. Wir hätten wohl einander zugerufen: »Empörend! Das lassen wir uns nicht gefallen! Wir protestieren beim Bürgermeister! Wir schreiben an die Zeitung etc.« In Apostelgeschichte 12,5 sehen wir es wieder. Petrus ist im Gefängnis, und die ganze Gemeinde weiß sofort: Jetzt müssen wir beten, so lange zum Herrn schreien, bis er handelt.

> „Es ist unmöglich, sich mehrere Monate eingehend mit diesem Buch zu beschäftigen, ohne tief bewegt und auch, um ehrlich zu sein, aufgewühlt zu werden. Der Leser ist bewegt, weil er zum ersten Mal in der Geschichte das Christentum sieht, das echte und wirkliche, wie es in Aktion tritt. Die neugeborene Gemeinde, die so verwundbar ist wie jedes Menschenkind, wie sie ohne Geld, ohne Einfluss, ohne Macht im gängigen Sinn freudig und kühn auszieht, die heidnische Welt für Christus zu gewinnen... Aber wir sind nicht nur bewegt, sondern auch aufgewühlt, denn wir sehen hier die Gemeinde, wie sie der Herr gedacht hatte... Diese Leute haben nicht ,ihre Gebete gesprochen', sondern sie beteten. Sie hielten nicht Konferenzen über psychosomatische Erkrankungen, sondern sie heilten die Kranken. Wenn sie nach heutigen Maßstäben unkompliziert und naiv waren, müssen wir doch bekennen, dass sie zu Gott hin in einer Weise offen waren, die wir heute

kaum mehr kennen" (Der britische Bibelübersetzer J. B. Phillips, nachdem er die Apostelgeschichte übersetzt hatte).

„Zu Gott hin offen", das ist das Entscheidende. Wenn wir in unseren Tagen anfangen, die apostolische Reihenfolge – zuerst das Gebet, zuerst der Himmel, zuerst der Thron Gottes, dann der Erdboden und die Werkzeuge und das Arbeiten – einzuhalten, dann dürfen wir hoffen, dass vielleicht ein geistliches Erwachen im Anzug ist.

So erlebten es in China in den Zwanziger- und Dreißigerjahren des 20. Jahrhunderts zahlreiche Missionare.

> „In jenen Missionsstationen waren viele Missionare, die treu gearbeitet aber müde geworden waren. Warum? Der Grund war folgender: Man hatte sich ursprünglich vorgenommen, 'im Gebet und im Dienst des Wortes zu verharren', hatte die Reihenfolge aber in Dienst des Wortes und Gebet verkehrt. Dem Gebet war nur das Minimum an Zeit gewährt worden, weil die Arbeit so drängte, aber auch, weil man noch nicht verstand und es nicht glaubte, dass Gebet im Werk des Herrn an erster Stelle stehen muss. Aber nun hatte Gebet angefangen, den ersten Platz einzunehmen. Die Missionare waren ‚arm im Geist' geworden und waren an dem Punkt angekommen, wo sie verstanden: ‚Ohne mich könnt ihr nichts tun', wenn es darum geht, von Sünde zu überführen und Sünder zu retten" (Marie Monsen: The Awakening. Revival in China 1927-1937, S. 88).

Dieses Erwachen zum Gebet, von dem die norwegische Missionarin Marie Monsen berichtet, war ein Vorbote der bald hereinbrechenden Erweckung, die in den Dreißigerjahren des 20. Jahrhunderts China heimsuchte und die Gemeinde so belebte, dass sie nur deshalb die mit der kommunistischen Revolution beginnenden Jahre und Jahrzehnte der Verfolgung überstand,[6] und nicht nur überstand, sondern aus ihnen geläutert und so gestärkt hervorging, dass die Gemeinde nirgends auf der Welt so schnell wächst wie im heutigen China.

---

[6] Wie die chinesischen Christen selbst immer wieder bezeugt haben.

Alle Kinder Gottes sind Beter – sofern sie als Kinder Gottes gesund sind. Gebet ist ein Beweis, dass der Geist der Sohnschaft in ihnen wohnt, durch den sie unermüdlich »Abba, Vater« rufen (Röm 8,14-15; Gal 4,6). Ist Gott aber ihr Vater, aus dem sie geboren sind, lieben sie Ihn und können darum nicht anders und wollen auch nicht anders, als beständig und immer wieder vor Ihm liegen, zu Ihm rufen, auf Sein Reden harren. Und ist Gott als ihr Vater auch ihr Erhalter und Bewahrer, sind sie jede Sekunde auf sein Geben, Ernähren, Tragen, Befähigen und Schützen angewiesen. Darum lehrte der Herr und lehrten die Apostel die Jünger zu beten „zu aller Zeit, mit allem Gebet… für alle Heiligen" (Eph 6,18); „in allem" (Phi 4,6); „unablässig" (1Thes 5,17); „für alle Menschen" (1Tim 2,1).

Petrus ermahnt die Männer, mit Rücksicht und Verstand mit ihren Ehefrauen umzugehen, und nennt dann den Hauptgrund dafür: *damit die gemeinsamen Gebete nicht verhindert werden* (1Pet 3,7), denn das wäre etwas vom Schlimmsten, was ihnen passieren könnte. Paulus sagt, dass man die Heiligen daran erkennt, dass sie den Namen des Herrn anrufen (1Kor 1,2), dass sie eben beständig und immer wieder gemeinsam beten. Wenn das Volk durch Irrlehrer ins Wanken gerät und das Haus Gottes zusehends degeneriert, finden die Seelen der Treuen zueinander. Und was nennt der Apostel als das besondere Kennzeichen dieser Treuen? Sie „rufen den Namen des Herrn an" (2Tim 2,22); sie sind Leute, die mit Glauben beten können.

4. Alle Knechte Gottes in der Kirche Gottes sind Beter gewesen

Alle Diener des Herrn im Lauf der ganzen Kirchengeschichte sind Beter gewesen.

Die Reformation

Dass der große Reformator ein Mann des Wortes Gottes war, ist bekannt; dass er ein Beter war, hingegen nicht so sehr. Luthers Famulus Veit Dietrich, der mit diesem die Monate vom April bis Oktober 1530 auf der Veste Coburg verbrachte, schrieb einmal an Melanchthon:

> „Ich kann mich nicht genug wundern, wie einzigartig in diesen harten Zeiten dieses Mannes Festigkeit, Freude, Glaube und Hoffnung sind. Er nährt sie auch ohne Unterlass durch eifriges Studium des göttlichen Wortes. Es vergeht kein Tag, an dem er nicht zu mindest drei Stunden – und gerade die zum Studium geeignetsten – auf das Gebet verwendet" (Loewenich, S. 312-313).

Von Hugh Latimer, einem der Reformatoren Englands, schreibt Spurgeon in einem Artikel von *The Sword and the Trowel:*

> „Wenn wir lesen, dass Hugh Latimer ununterbrochen auf seinen Knien lag und rief: „Gott, gib England das Evangelium wieder!"; dass er zuweilen so lange betete, bis er sich nicht mehr erheben konnte, weil er ein alter Mann war; dass man ihn vom Fußboden des Gefängnisses aufheben musste und dass er trotzdem weiterflehte: „O Gott, gib England das Evangelium wieder!", dann wundern wir uns mit Recht darüber, weshalb nicht auch einige von uns so beten... Eine Erweckung ist vor der Tür. Die Wolke hängt über England, und wir wissen nicht, wie wir sie herunterbringen. O, dass Gott einige treue Geister finden möge, die als Blitzableiter fungieren, um das göttliche Feuer herabzuleiten. Wir sehnen uns danach, aber unser kümmerlicher Atem hat keine Kraft, reicht nicht aus, kommt nicht aus der Tiefe, kann sich nicht durchsetzen."[7]

Die Methodistische Erweckung im 18. Jahrhundert

Das Jahr 1739 wird gewöhnlich als das erste Jahr jener Erweckung genannt, die im Lauf weniger Jahrzehnte die ganze angelsächsische Welt erfasste und bleibend veränderte. Die Hauptwerkzeuge waren Georg Whitefield und die Brüder John und Charles Wesley.

> „Das Liebesfest an der Fetter Lane wurde zu einem denkwürdigen Anlass. Außer den rund sechzig Herrnhutern waren da nicht weniger als sieben der Oxforder Methodisten, nämlich John

---

[7] Hayden, S. 40–41

und Charles Wesley, George Whitefield, Westley Hall, Benjamin Ingham, Charles Kinchin und Richard Hutchins, alles ordinierte Geistliche der Church of England. Wesley schreibt in seinen Tagebüchern: ›Um drei Uhr morgens lagen wir vor Gott im Gebet, als die Kraft Gottes so stark über uns kam, dass viele vor unbändiger Freude laut riefen, während mehrere zu Boden fielen. Als wir uns ein wenig vom Schauer vor der überwältigenden Majestät der göttlichen Gegenwart erholt hatten, riefen wir alle laut wie mit einer Stimme: Wir preisen Dich, o Gott; wir bekennen, dass Du Herr bist.‹ Dieses Pfingsten an jenem Neujahrstag konnte nie mehr vergessen werden. Es war eine herrliche Vorbereitung auf die gewaltige Arbeit, in die Whitefield und die Wesleys eintreten sollten. Es kann uns nicht mehr verwundern, dass das Jahr, das so anfing, das bemerkenswerteste in der gesamten Geschichte des Methodismus werden sollte" (Luke Tyerman: The Life of the Reverend George Whitefield, Bd. I, S. 155)

Whitefield berichtet in seinen Tagebüchern von der ersten Zeit der Erweckung:

„Wir hatten ein Liebesmahl mit den Brüdern an der Fetter Lane und verbrachten die ganze Nacht im dringlichen Gebet, mit Psalmen und Danksagung." (Journals, 1. Januar 1739)
„Der Geist der Fürbitte nimmt in meinem Herzen Tag für Tag zu." (5. Januar)
„Wir hatten wieder ein Liebesmahl und verbrachten die ganze Nacht in Gebet und Danksagung an der Fetter Lane." (7. Januar)
„Dann begab ich mich zu einem Liebesmahl an die Fetter Lane, wo ich die ganze Nacht im Gebet verbrachte." (4. Februar)[8]

Über **George Whitefield** sagt der Biograph Philips:

„Das große Geheimnis der Kraft im Leben Whitefields war seine Gebetsfreudigkeit. Er war außerhalb des Heiligtums ein Fürst unter den Predigern, aber nur deshalb, weil er im Heiligtum wie ein

---

[8]   zitiert aus B. Peters: „George Whitefield. Der Erwecker Englands und Amerikas".

Jakob gerungen hatte. Sein Antlitz leuchtete, wenn er vom Berg herunterkam, weil er oben lange mit Gott allein gewesen war" (zitiert bei E. F. Harvey: Sieghaftes Beten, S. 12).

Whitefield sagte einmal in einem Brief von sich selbst:

„Ich weiß gar nicht zu sagen, wie oft ich mich ins Gebetskämmerlein flüchte. Täte ich es nicht, ja, betete ich nicht in einem gewissen Sinne ohne Unterlass, könnte ich nie jene innere Zuversicht und Festigkeit behalten, deren ich mich durch Gottes Segen täglich erfreue."

Erweckungen im 19. Jahrhundert

Über den großen Evangelisten D. L. Moody sagt R. A. Torrey:

„Ich war mit D. L. Moody persönlich gut bekannt und kann es bezeugen, dass er ein wesentlich größerer Beter als Redner war. Immer wieder wurde er mit schier unüberwindlichen Hindernissen konfrontiert, aber er wusste den Weg, auf dem alle Schwierigkeiten gelöst und überwunden werden können... Er wusste und glaubte von ganzem Herzen, dass nichts zu schwierig ist für den Herrn und dass das Gebet alles vermag, was Gott vermag" (zitiert bei E. F. Harvey, S. 16).

Bevor die Erweckung im Jahre 1859 die Gemeinde heimsuchte, sagte **C. H. Spurgeon** in einer Predigt:

„Wenn Gott sein Angesicht verbirgt, können wir nichts tun, um sein Reich auszubreiten. Keine Erkenntnis, kein Eifer, keine Begabung schaffen es. Brüder, was wir tun können, ist dies: Wir wollen so lange zum Herrn schreien, bis er uns wiederum sein Angesicht enthüllt. Alles, was uns fehlt, alles, was wir brauchen, ist Gottes Geist. Geht nach Hause und betet darum. Gönnt euch keine Ruhe, bis Gott sich offenbart. Bleibt nicht stehen, wo ihr seid, seid nicht zufrieden mit dem ewig gleichen Trott, seid nicht zufrieden mit dem immer gleichen Ablauf von Formalitäten. Erwache, Zion, erwache, erwache, erwache!...Was für eine Veränderung gab es in den Gebetszusammenkünften! Jedermann schien ein Kreuzritter zu sein, der das himmlische Jerusalem belagerte, ein jeder schien gewillt, die himmlische Stadt im Sturm einzunehmen durch die Gewalt der Fürbitte. Und bald kam der Segen über uns, er kam in solcher Überfülle, dass wir keinen Raum hatten, ihn aufzunehmen... Was hatten wir für Gebetsversammlungen! ...der Heilige Geist war in so Furcht erregender Weise gegenwärtig, dass wir in den Staub gebeugt wurden... Der Heilige Geist kam wie Regenschauer, der den Erdboden erweicht und sich nun willig pflügen lässt. Es dauerte nicht lange, bis wir von links und von rechts den Ruf hörten: Was muss ich tun, um errettet zu werden?" (Iain Murray: The Forgotten Spurgeon, S. 42. 43).

Erweckungen im 20. Jahrhundert

Bei einigen dieser Erweckungen kann man zurückverfolgen, wie sie eine Frucht von Gebetsversammlungen waren, die schon im 19. Jahrhundert begonnen hatten. E. T. Koshy schreibt zu den Wurzeln einer späteren Erweckung auf dem indischen Subkontinent:

> „Im Jahr 1898 wurde die Gebetswoche des Moody Bible Institute fortgesetzt in einer Gebetsversammlung an jedem Samstagabend, in der man um weltweite Erweckung betete. Es entstanden Gebetsversammlungen in Indien, in Ostasien, in verschiedenen Ländern Afrikas und in Lateinamerika. Die Gebetsversammlungen in Chicago standen in besonderer Verbindung zu einer Kette von Gebetsversammlungen, die in Melbourne stattfanden, und einem Gebetskreis von mehreren Tausenden, die von der Keswick Convention ausstrahlten. Alle diese Faktoren trieben die Christen in Indien zum Gebet um Erweckung" (E. T. Koshy: Brother Bakht Singh of India, S. 90).

John „Praying" Hyde war amerikanischer Missionar, der von der Presbyterianischen Kirche nach Nordindien ausgesandt worden war. Er war als Beter das Hauptwerkzeug einer Erweckung unter den Hindus, die so weit um sich griff, dass man diese später „The Punjab People's Movement" nannte (Die Volksbewegung im Pandschab). Es kamen dabei Zehntausende zum Glauben.

Im Frühjahr 1904 schloss sich John Hyde mit anderen Missionaren der gleichen Region (Pandschab) zur *Punjab Prayer Union* zusammen. Die Mitglieder dieser Vereinigung beantworteten folgende fünf Fragen mit Ja und bekräftigen das mit ihrer Unterschrift:

1. Betest Du um Erweckung in Deinem eigenen Leben, im Leben Deiner Mitarbeiter und in der Gemeinde?
2. Sehnst Du Dich nach größerer Kraft des Heiligen Geistes in Deinem Leben und Arbeiten, und bist Du davon überzeugt, dass Du ohne Seine Kraft nicht weiterkommst?
3. Wirst Du darum bitten, dass Du dich des Namens Jesus nicht schämst?
4. Glaubst Du, dass Gebet das wichtigste Mittel ist, um diese geistliche Erweckung zu erreichen?
5. Bist Du bereit, jeden Tag so bald als möglich nach 12 Uhr Mittags eine halbe Stunde zu reservieren für das Gebet um diese Erweckung? Bist Du bereit, so lange zu beten, bis die Erweckung kommt? (Carré, Praying Hyde)

Bakht Singh kam am 6. Juni 1903 in Sargodha im Punjab zur Welt. Ein Jahr nach seiner Geburt entstand die oben genannte Punjab Prayer Union. Etwa zwanzig Jahre später kam Bakht Singh zum lebendigen Glauben. Man kann mit Fug sagen, er sei eine späte Frucht jener Gebetsbewegung. Aber es beteten auch andere Christen für Indien:

„Es ist erstaunlich, was in Honour Oak geschah in den 30er Jahren, zur gleichen Zeit, da Gott in Indien anfing, Bakht Singh in außergewöhnlicher Weise zu gebrauchen. Der Geist Gottes gab der Gemeinde in Honour Oak eine Last, mit besonderem Ernst für Indien zu beten. George Patterson, einer der Ältesten, war von Indien mit einer schweren Bürde für Indien zurückgekehrt, und diese legte sich auf alle Gläubigen in Honour Oak, bis sie anfingen zu Gott um Sein Eingreifen in Indien zu schreien. Sie flehten Ihn auf Grund von Jesaja 43,19 an, in Indien ein Neues zu wirken. Zweimal in der Woche lagen über hundert Gläubige auf den Knien und riefen zu Gott, Er möchte ein Werk in Indien tun und Seinen Namen verherrlichen" (Koshy, S. 92).

Eine Antwort auch auf diese Gebete war die Berufung, Ausrüstung und Sendung Bakht Singhs zu seinem außergewöhnlichen Dienst in Indien. Er war das Hauptwerkzeug einer Gemeindebewegung, die in den Vierzigerjahren des vorigen Jahrhunderts anfing, und durch die in ganz Indien sechs- oder siebenhundert Gemeinden entstanden sind. Sie sind – weitgehend bedingt durch das Vorbild von Bakht Singh – geprägt von der apostolischen Maxime „wir wollen im Gebet und im Wort Gottes verharren".

Der Gründung der ersten dieser Gemeinden ging viel Gebet und zuletzt eine ganze Gebetsnacht voraus:

> »Wir suchten einen stillen Ort für eine Gebetsnacht auf... Wir knieten nieder und begannen zu beten... Wir kamen in den Genuss einer ungestörten Gebetszeit bis morgens um sechs. Der Geist Gottes stand uns bei und gab große Freimütigkeit. Es schienen die Mächte der Finsternis vor den Heerscharen des lebendigen Gottes gewichen zu sein. Wie die Stunden verstrichen, wurden wir immer tiefer in seine Gemeinschaft gezogen und damit unserer quälenden Sorgen entrückt. Bei Tagesanbruch schauten wir hinab auf das unter uns liegende Land... Die Sonne ging auf und tauchte ganz Madras in ein goldenes Licht. Uns war, als wollte der Herr sagen: ‚Seht, die Stadt liegt vor euch; geht und nehmt sie für mich in Besitz!'... Schließlich beteten wir gemeinsam den Herrn an und brachen das Brot. Das war ein für Madras bedeutsamer Tag, weil an jenem Tag die Versammlung, wie wir sie jetzt kennen, ins Leben gerufen wurde. Als wir dann den Zug nach Madras wieder bestiegen, war uns, als ob das Abteil in Flammen stünde, so sehr war die Kraft und Gegenwart Gottes unter uns. Bei jedem Halt kamen die aussteigenden Passagiere neugierig vor unser Abteil um zu sehen, was da vor sich ging, während wir immer wieder den Chorus ‚Du

Herrlicher von Golgatha' sangen« (Rajamani, R. R.: Durchbruch – Geistliches Erwachen in Südindien, S. 91-93).

Im Herbst 1976 hatte ich das Vorrecht, Bakht Singh persönlich kennenzulernen, als er die Schweiz besuchte. In einer Predigt, die er damals in der Bethel Kapelle in Zürich hielt, sagte er:

„Im Westen gibt es ganz wenige Christen, die beten können. Sie können gut predigen, sie können schön singen, sie können viel Aktivität entfalten, sie können harte Arbeit verrichten, sie können viel Geld ausgeben für das Werk des Herrn, sie können um die Welt reisen und das Evangelium predigen, und doch wissen nur sehr wenige, richtig zu beten... Der Herr hat gemäß Lukas 6,12 die ganze Nacht gebetet... Es ist möglich, eine ganze Nacht zu beten. Wir haben es in Indien getan. Und immer, wenn wir befähigt wurden, eine ganze Nacht zu beten, haben wir erlebt, wie der Himmel sich auftat. Wir haben gesehen, wie die mächtige Kraft Gottes wie Feuer fiel. Wir haben gesehen, wie harte Herzen weich wurden, und wir haben gesehen, wie Ketten der Sünde zerrissen. Wir haben gesehen, wie Leben verändert wurde – nicht durch Botschaften, nicht durch Bibelwissen, nicht durch andere Mittel, sondern durch Gebet, durch ausharrendes Gebet, durch Gebetskampf, durch Gebetsnot."

John Sung: Er war der große Evangelist der Erweckung 1927-1937 in China. Tausende und Abertausende kamen in den 13 Jahren seines Wirkens in China zum Glauben. Über ihn schrieb der Missionar Boon Mark, der ihn während zweier Evangelisationen aus der Nähe kennengelernt hatte:

„Er redet wenig, er predigt mehr, aber am meisten betet er" (Lyall, S. 168).

Martyn Lloyd-Jones: Er war der vielleicht größte Verkündiger und Evangelist Großbritanniens im 20. Jahrhundert. Man kann mit einem gewissen Recht sagen, er sei für die englischsprachige Welt in seinem

Jahrhundert das gewesen, was Spurgeon für das 19. war. Über ihn sagte seine Frau Bethan einmal:

> „Niemand wird meinen Mann wirklich verstehen, ehe er begriffen hat, dass er zu allererst ein Mann des Gebets ist, erst dann ein Evangelist."

1974 sagte M. Lloyd-Jones an einer Pastorenkonferenz in Bala (Wales):

> „Die beiden größten Zusammenkünfte in meinem Leben waren beide Gebetsversammlungen. Um alles in der Welt würde ich sie nicht verpasst haben wollen."

5. Ein wenig Theologie zur Bedeutung des Gebets

Gebet und Glaube an die Dreieinheit Gottes

> *„Vom Beschluss will ich erzählen: Der HERR hat zu mir gesprochen: Du bist mein Sohn, heute habe ich dich gezeugt. Fordere von mir, und ich will dir zum Erbteil geben die Nationen, und zum Besitztum die Enden der Erde"(Ps 2,7-8).*

Der Vater fordert den Sohn auf, die Herrschaft über die Nationen von ihm zu erbeten. Hier lernen wir, was uns die Evangelien bestätigen: Der Sohn erbat sich als Mensch auf der Erde alles von seinem Gott und Vater. Dieser Mensch war aber der ewige Gottessohn, wie der zitierte Psalm eben zeigt. Mithin entsprach Sein Leben im Fleisch und entsprachen alle darin kundwerdenden Beziehungen zwischen dem Sohn und dem Vater den ewigen Beziehungen, die im dreieinigen Gott sind. In Ihm ist ein beständiges Geben und Nehmen. An diesem fortwährenden Bitten und Empfangen haben die Erlösten Teil. Sie sind berufen, von Gott alles zu erbeten, zu bitten und zu empfangen, wie es der Sohn tat. Aus Römer 8,15, Epheser 2,18 und Judas 20 lernen wir, dass wir das aber ohne den

Heiligen Geist nicht können. Ja, Römer 8,26 sagt es uns ganz unmissverständlich, dass wir nicht wissen, wie wir beten sollen, dass aber der Heilige Geist uns darin beisteht, dass Er uns sogar vertritt, dass Er in uns bittet mit unaussprechlichen Seufzern. Und Gal 4,6 geht sogar einen Schritt weiter. Während Paulus in Römer 8,15 sagt, dass *wir* es sind, die im Geist der Sohnschaft zu Gott rufen, lesen wir hier, dass es *der Geist des Sohnes selbst* ist, der in uns ist und zu Gott ruft:

> **"Weil ihr aber Söhne seid, so hat Gott den Geist seines Sohnes in unsere Herzen gesandt, der da ruft: Abba, Vater!"**
> **(Gal 4,6).**

Mithin: Das Gebet der Kinder Gottes ist ein Ausfluss der Beziehungen, die im dreieinigen Gott sind. Wäre Gott nicht der dreieinige Gott, gäbe es so etwas nicht, wie Bitten und Empfangen.

»Da der Mensch Gottes Bild trägt, gehört er zu Gott. Dass er zu Gott bete, dazu wurde er erschaffen. Gebet ist ein Teil jener wundersamen Ebenbildlichkeit Gottes, die er trägt. Dazu gehört auch das tiefe Geheimnis der Gemeinschaft der Liebe, in welcher der Drei-Eine seine Glückseligkeit hat, und von dieser Gemeinschaft ist Gebet das irdische Abbild und Gleichnis« (Murray, School, S. 121).

Gott hat Sein Geben von unserem Bitten abhängig gemacht

Gott gibt uns Zusagen; aber Er will, dass wir Ihn darum bitten, sie zu erfüllen. Als der Herr sagte: „Bittet, so werdet ihr empfangen" (Mt 7,7), meinte Er natürlich genau, was Er sagte. Wir sollen erst empfangen, nachdem wir gebetet haben. Jakobus hatte das ernst genommen. Darum schrieb er an Geschwister, die in der Gemeinde große Nöte hatten: „Ihr habt nicht, weil ihr nicht bittet" (Jak 4,2). In der Gemeinde war Krieg, man eiferte, kämpfte, begehrte, aber man empfing nichts – keine Aussöhnungen, keinen Frieden –, weil man sich nie vor dem Herrn demütigte und anfing, zum Herrn um sein Eingreifen zu schreien. Wir erkennen oft bald genug die Mängel in unseren Gemeinden. Manche beklagen diese, andere beschweren sich bei jeder Gelegenheit, wieder andere suchen immer nur die Schuldigen. Aber kaum je hört man das Signal des Herrn, den Ruf ins Heiligtum, um Sein Angesicht zu suchen, von Ihm zu erflehen, was wir nicht haben und nicht vermögen. Hier ist einer der Hauptgründe, vielleicht der Hauptgrund, für die vielen Miseren im Volk der Bibelgläubigen heute.

In Hesekiel 36,33-36 verheißt der Herr dem Volk Israel, dass Er Volk und Land wiederherstellen werde und schließt Seine Verheißungen mit den Worten: „Ich, der HERR, habe geredet und werde es tun" (V. 36). Dennoch fährt er im nächsten Vers fort und sagt:

> *„So spricht der Herr, Jahwe: Auch noch um dieses werde ich mich vom Hause Israel erbitten lassen, dass ich es ihnen tue: Ich werde sie an Menschen vermehren wie eine Herde" (Hes 36,37).*

In Sacharja 10,1 fordert der Prophet sein Volk auf:

> *„Bittet den Herrn, dass es regne zur Zeit des Spätregens."*

Warum diese Bitte, wo doch der gleiche Herr dem gleichen Volk verheißen hat:

> *„Ich werde den Regen fallen lassen zu seiner Zeit, Regen des Segens werden es sein" (Hes 34,26).*

> *„Und ihr, Kinder Zions, frohlockt und freut euch in dem HERRN, eurem Gott! Denn er gibt euch den Frühregen nach rechtem Maß, und er lässt euch Regen herabkommen: Frühregen und Spätregen wie zuvor" (Joel 2,23).*

Gott will, dass wir Ihn bitten, dass Er das tue, was Er versprochen hat. Das hatte schon David verstanden. Nachdem Gott ihm durch den Propheten Nathan großartige und bedingungslose Verheißungen über ihn und seine Nachkommen gegeben hatte (2Sam 7,10-16), bat David den HERRN:

> *„Und nun, HERR Gott, das Wort, das du über deinen Knecht und über sein Haus geredet hast, halte aufrecht ewiglich, und tue, wie du geredet hast" (2Sam 7,25).*

Davids Sohn Salomo hatte es von seinem Vater gelernt, dass wir Gott darum bitten müssen, Seine Verheißungen an uns zu erfüllen:

> *„Und nun, HERR, Gott Israels, halte deinem Knecht David, meinem Vater, was du zu ihm geredet hast, indem du sprachst: Es soll dir nicht an einem Mann fehlen vor meinem Angesicht, der da sitze auf dem Throne Israels, wenn nur deine Söhne auf ihren Weg Acht haben, dass sie vor mir wandeln, so wie du vor mir gewandelt bist. Und nun, Gott Israels, mögen sich doch deine Worte bewähren, die du zu deinem Knechte David, meinem Vater, geredet hast!"*
> *(1Kön 8,25.26).*

In Dan 9,1.2 erfahren wir, wie Daniel im Propheten Jeremia liest, dass Gott siebzig Jahre für die Verbannung festgelegt hat:

> *„Denn so spricht der HERR: Sobald siebzig Jahre für Babel voll sind, werde ich mich eurer annehmen und mein gutes Wort an euch erfüllen, euch an diesen Ort zurückzubringen"*
> *(Jer 29,10).*

Wäre Daniel so gewesen, wie die meisten von uns, hätte er räsoniert: „Gott hat verheißen, uns nach 70 Jahren zurückzuführen. Das wird Er tun. Es wäre Unglaube, noch darum zu beten." Daniel aber war ein Knecht Gottes. Darum lesen wir in Daniel 9,3 und 9,19:

> *„Und ich richtete mein Angesicht zu Gott, dem Herrn, um ihn mit Gebet und Flehen zu suchen, in Fasten und Sacktuch und Asche... Herr, höre! Herr, vergib! Herr, merke auf und handle; zögere nicht, um deiner selbst willen, mein Gott! Denn deine Stadt und dein Volk sind nach deinem Namen genannt"*
> *(Dan 9,3.19).*

Der Herr verhieß Seinen Jüngern den Heiligen Geist (Joh 14,16.17; Apg 1,4.5). Er wies sie aber auch an, den Vater um den Heiligen Geist zu bitten (Lk 11,13). Die Jünger verstanden das und verharrten im Gebet (Apg 1,14), bis der Herr die Verheißung erfüllte und den Heiligen Geist ausgoss (Apg 2).

Gott will, dass alle Menschen gerettet werden und zur Erkenntnis der Wahrheit kommen (1Tim 2,4); darum will Er, dass wir für alle Menschen beten (1Tim 2,1.2).

Unser Herr hat uns gesagt, dass Er wieder komme (Joh 14,1-3). Trotzdem steht als letztes Gebet in der ganzen Bibel:

> *„Komm, Herr Jesus!" (Off 22,20).*

Der Apostel hat kraft göttlicher Inspiration geschrieben:

> *„Gepriesen sei der Gott und Vater unseres Herrn Jesus Christus, der uns gesegnet hat mit jeder geistlichen Segnung in den himmlischen Örtern in Christus" (Eph 1,3).*

Deshalb folgern sehr viele Christen, wir müssten Gott um nichts mehr bitten, da wir ja schon mit allem gesegnet seien. Und entsprechend sieht es auch unter uns aus. Wir sind wie Laodizäa, blind und nackt, und dabei selbstzufrieden. Hätten wir verstanden, was die alttestamentlichen Heiligen schon wussten, und was der Herr und die Apostel uns gelehrt und vorgelebt haben, würden wir jeden Tag mit Inbrunst und mit Glauben Gottes Segnungen herabflehen auf uns, auf die Gemeinde und auf die Menschen, mit denen wir täglich zu tun haben.

> »Heute Abend hatte ich Glauben und Kraft zur Fürbitte. So durfte ich mit dem Herrn ringen um mein eigenes geistliches Wachstum, und es lagen mir auch viele liebe Gotteskinder schwer auf der Seele. Preis dem Herrn! wir gut ist es doch, um geistliche Segnungen ringen zu dürfen« (David Brainerd, Tagebucheintrag zum 8. April 1742).

Von Paulus lernen wir, wie wir die Segnungen des Herrn für Sein Volk erflehen sollen:

> ***»Weshalb wir auch allezeit für euch beten, auf dass unser Gott euch würdig mache der Berufung und erfülle alles Wohlgefallen seiner Gütigkeit und das Werk des Glaubens in Kraft« (2Thes 1,11).***

So betete Paulus allezeit für die Gemeinde der Thessalonicher. Was betete er? Um drei Dinge:
a) Dass Gott die Thessalonicher würdig mache der Berufung;
b) dass Gott an ihnen erfülle all sein Wohlgefallen;
c) dass Gott an ihnen das Werk des Glaubens in Kraft erfülle.

Man kann sagen, dass diese drei Bitten erläutern, was mit „Segen" gemeint ist. Nur, wer von uns betet in dieser Weise für seine Geschwister? Und von wie vielen Geschwistern wissen wir zu sagen, dass ihr ganzer Wandel, ihr Reden, ihr Tun und Lassen Gottes, Seines Reiches und Seiner selbst würdig seien? Es sind wohl nicht viele, und das ist auch kein Wunder, wo wir kaum um diese Dinge mit Ernst und wie der Apostel allezeit beten.

In der Tat: Die Lauheit unserer Gebete beweist, dass wir gar nicht glauben, dass wir um alles beten müssen, dass es geschehe. Und darum geschieht so wenig in uns und durch uns. Wir sind als Christen völlig harmlos; durch uns bewegt sich an unserem Wohnort, am Arbeitsplatz, in der Schule fast nichts. Glauben wir wirklich, das sei normal? Will der Herr das? Man vergleiche das mit Apostelgeschichte 4,31:

> *„Und als sie gebetet hatten, bewegte sich die Stätte, wo sie versammelt waren; und sie wurden alle mit Heiligem Geiste erfüllt und redeten das Wort Gottes mit Freimütigkeit."*

und mit Apostelgeschichte 5,28:

> *„Ihr habt Jerusalem erfüllt mit eurer Lehre."*

und mit Apostelgeschichte 17,6:

> *„Diese, die den ganzen Weltkreis erregen, sind jetzt auch hierher gekommen!"*

Leider, leider denken dann die meisten, wir müssten unsere Gemeinden „attraktiv" oder „besucherfreundlich" machen, oder, wie andere sagen, „dem postmodernen Zeitgefühl anpassen" usw., dann würden wir wieder gesellschaftlich „relevant" und was der schönen Worte mehr sind. All dieses Reden ist nichts als ein Trotzen gegen Gott und den von Ihm gewiesenen Weg, auf dem wir das werden, wozu Er uns berufen hat. Wie die Korinther fragt auch uns der Apostel Paulus, ob wir denn denken, wir seien weiser als Gott (1Kor 3,18-20) oder stärker als Gott (1Kor 10,22). Wenn wir so etwas wie apostolische Wirkung haben wollen, dann müssen wir auch apostolisches Leben in unseren Gemeinden haben, und das heißt mehr als alles andere: apostolisches Gebetsleben.

Wann werden wir es glauben, dass der Herr und die Apostel genau das meinten, was sie über den Zusammenhang vom Gebet der Heiligen und dem Wirken Gottes an ihnen und durch sie sagten?

> *„Um Zions willen will ich nicht schweigen, und um Jerusalems willen will ich nicht still sein, bis ihre Gerechtigkeit hervorbricht wie Lichtglanz und ihr Heil wie eine lodernde Fackel... Ihr, die ihr den HERRN erinnert, gönnet euch keine Ruhe, und lasst ihm keine Ruhe, bis er Jerusalem befestigt und bis er es zum Ruhme macht auf Erden!" (Jes 62,1.6.7)*

Im Gebet werden wir zu Mitarbeitern Gottes

1. Korinther 3,9; 1. Mose 18,17.23; Daniel 9,1-4; Matthäus 6,10; Johannes 14,12.13

Was diese Verse sagen, ist so groß, dass wir es kaum zu glauben wagen. Glaubten wir es, verschlüge es uns zuerst den Atem, aber dann, nachdem wir uns erholt hätten, begännen wir mit Ernst zu beten. Bedenken wir, was der Apostel sagt: »Wir sind Gottes Mitarbeiter« (1Kor 3,9). Wir sehen das bereits an alttestamentlichen Heiligen wie Abraham und Daniel. Gott offenbarte dem Abraham Seine Absicht mit Sodom und Gomorrha, weil Er wollte, dass Abraham darum bete, dass Gott im Gericht den Gerechten nicht mit dem Gottlosen umkommen lasse. Gott handelte nach Seiner Gnade und seiner Gerechtigkeit, als er Lot aus Sodom herausriss, aber Er tat es als Antwort auf die Gebete Abrahams (1Mo 19,29).

Gott offenbarte dem Propheten Jeremia die Dauer des babylonischen Exils, damit sein Volk darauf achte und Gott darum bitte, es zu befreien, wenn die bestimmte Frist erreicht sei. Gott wollte seinen Vorsatz nicht ohne die Mitarbeit seines Volkes erfüllen. Daniel verstand das, glaubte es und betete um die Wiederherstellung Jerusalems und seines Volkes (Dan 9). Man kann sagen, die Bücher Esra und Nehemia seien die Antworten auf die Gebete Daniels.

Der Herr begann schon früh, die Jünger über Gebet zu belehren. In der Bergpredigt (Mt 5–7), der ersten öffentlichen Rede des Herrn, finden sich bereits die wichtigsten Lektionen über das Gebet. In verschiedenen Gleichnissen (Lk 11; 18) vertiefte Er diese Belehrungen. In Seinen letzten Unterredungen, die Er mit den Jüngern unmittelbar vor seinem

Gang nach Golgatha hielt, lehrte Er sie ein letztes Mal über Gebet. Hier erst eröffnete Er ihnen die weitesten Dimensionen der Fürbitte.

Zuerst hatte er die Jünger gelehrt, wie Kinder dem Vater zu vertrauen und alles von Ihm zu erbeten (Mt 6,9). Das ist eine Wahrheit, die immer gilt. Wir bleiben abhängige Kinder und sind täglich darauf angewiesen, dass Gott uns alles zum Leben und zur Gottseligkeit gibt. Aber wir müssen einen weiteren Blick bekommen:

> *„Dann spricht er zu seinen Jüngern: Die Ernte zwar ist groß, der Arbeiter aber sind wenige; bittet nun den Herrn der Ernte, dass er die Arbeiter aussende in seine Ernte" (Mt 9,37-38).*

Der Herr will uns als Nächstes zeigen, wie groß die Ernte und wie wenig die Arbeiter sind. Und dann sagt Er uns, dass wir Ihn darum bitten müssen, die nötigen Arbeiter in die Ernte zu senden. Warum sendet Er sie nicht ohne unsere Gebete? Ob wir diese Frage richtig zu beantworten vermögen oder nicht, muss uns doch eines klar sein: Gott hat das Aussenden von Arbeitern von unseren Gebeten abhängig gemacht. Wir sollen in dieser Sache mit dem Herrn zusammenarbeiten.

Und schließlich lehrte der Herr in den letzten Stunden, die Er zusammen mit ihnen verbrachte: Die Jünger sollen das Werk, das Er mit seinem Leben, Sterben und Auferstehen angefangen hatte, fortführen. Das steht in den so genannten Abschiedsreden (Joh 14 – 16).

> *„Wahrlich, wahrlich, ich sage euch: Wer an mich glaubt, der wird auch die Werke tun, die ich tue, und er wird größere tun als diese, weil ich zum Vater gehe.*
> *Und um was irgend ihr bitten werdet in meinem Namen, das werde ich tun, damit der Vater verherrlicht werde in dem Sohn" (Joh 14,12.13).*

Mit diesen Worten lehrt der Herr die Jünger zwei Dinge:

- Sie würden die gleichen Werke tun, die er getan hatte, und noch größere, d. h. Sein Erlösungswerk in der Weise fortführen, dass sich in vielen Menschen verwirklichen würde, was er am Kreuz für sie erwirkt hatte.
- Sie würden sein Werk aber nicht fortsetzen können, ohne Seinen Beistand, den Er ihnen in der Sendung des Heiligen Geistes verhieß. Seinen Beistand, Sein Wirken und alles, was sie zu ihrer Arbeit brauchten, würden sie erbitten müssen; darum wird die Aussage über das Gebet in V. 13 mit dem Wörtlein „und" eingeleitet.

Der Herr Jesus hat das Fortdauern und die Ausbreitung seines Werkes in die Hände seiner Jünger gelegt.

> »Der Gläubige muss begreifen, dass der Dienst der Gemeinde nicht allein das Predigen des Evangeliums beinhaltet – obwohl das ein wichtiger Teil ihres Dienstes ist –, sondern ihr Dienst besteht auch darin, den Willen Gottes, der im Himmel ist, auf die Erde herab zu bringen. Wie aber tut die Gemeinde das? Indem sie auf der Erde betet...
>
> Gott sagt der Gemeinde, was er tun will, so dass die Gemeinde auf der Erde es erbeten kann. Solches Gebet bedeutet nicht, dass wir Gott darum bitten, was wir gerne tun möchten, sondern dass wir ihn darum bitten zu tun, was er tun will.
>
> Versuchen wir zu verstehen: Der Ausfluss für Gottes Willen zu sein, das ist die höchste Aufgabe, die die Gemeinde je übernehmen könnte. Um eben dieser Ausfluss zu sein, muss sie zu einer betenden Gemeinde werden... Wenn dem Volk Gottes die Augen für Gottes Willen aufgehen, wird es sich aufmachen und anfangen zu beten« (Nee, The Prayerministry of the Church, S. 16, 23).

Durch die Gebete der Heiligen regiert Gott die Welt

Gebet vermag viel, denn darin erfüllen wir im höchsten Maß unsere Bestimmung, Gottes Regierung auf Erden zu vertreten und auszubreiten. Gott schuf den Menschen, damit dieser über Seine ganze Schöpfung herrsche. Durch die Sünde hat er die Herrschaft verloren, und doch ist Gott von diesem Vorsatz nie abgekommen, wie wir im Neuen Testament an verschiedenen Stellen lesen. Man kann sagen, die Erlösung und Wiedergeburt sei eben das Werk, durch das Gott Seine Herrschaft im Menschen aufrichtet. So herrscht der Gerechtfertigte „im Leben durch... Jesus Christus" (Röm 5,17). In der Vollendung wird der erlöste Mensch mit Christus ewig herrschen (Off 5,10; 20,4; 22,5).

Schon an Abraham zeigt Gott, wie Er durch die Erlösten Seine Regierung in der Welt durchsetzen will. Wir können an Abraham ablesen, wie Gebet nicht nur ein Mittel ist, um von Gott für uns Segen zu empfangen, sondern dazu das Mittel ist, das Gott Seinen Heiligen in die Hand gegeben hat, um die Welt, die Menschen in der Welt und die Geschichte dieser Welt zu beeinflussen. Es ist auffällig, wie Abraham kaum einmal für sich selbst betet; aber wir finden ihn immer wieder im Gebet für die Menschen um ihn herum: für Ismael, für Lot und Sodom, für den Philisterkönig Abimelech.

> »Obwohl die Sünde für eine bestimmte Zeit Gottes Absichten durchkreuzt hat, bleibt Gebet noch immer das, was es war, ehe der Mensch fiel: Der Beweis, dass er in Gottes Bild erschaffen ist, das Medium, durch das er mit dem Ewigen und Unsichtbaren trauten Umgang hat, die Macht, der es gegeben ist, die Hand zu halten, welche das Schicksal des Universums hält. Gebet ist nicht lediglich der Schrei des Notleidenden um Erbarmen; es ist vielmehr der höchste Gebrauch des Willens des Menschen, der von sich weiß, dass er göttlicher Herkunft ist, erschaffen und befähigt, in königlicher Freiheit der Vollstrecker der Beschlüsse des Ewigen zu sein...« (Andrew Murray, School, S. 123.125).

Die Regierung Gottes über die Welt kommt durch die Gebete der Heiligen (Mt 6,9.10). Gott richtet Seine Herrschaft auf, indem Er die Glaubenden zunächst erlöst und später erhöht, die Ungläubigen aber richtet und niederwirft. Das Gericht über die gottlose Welt kommt durch die Gebete der Heiligen (Off 8,3-5). Das Reich des Menschensohnes kommt als Antwort auf die Gebete der Gläubigen.

»Während der Periode, die wir *Zeit* nennen, werden alle Werke Gottes durch die Gemeinde getan, denn die Gemeinde repräsentiert den Menschen der kommenden Ewigkeit« (Nee, Prayerministry).

6. Die Sünde der Gebetslosigkeit

Aus allem bisher Gesagten müssen wir erkennen, dass wir sündigen, wenn wir nicht beten, wie der Herr es haben will. Wir müssen damit aufhören, unsere Gebetslosigkeit zu entschuldigen mit der Ausrede, wir hätten zu wenig Zeit, oder sie zu verharmlosen, indem wir auf die anderen verweisen, die auch nicht mehr beten als wir. So lange wir nicht einsehen, dass wir sündigen, wenn wir das Gebet vernachlässigen, werden wir die Hilfe des Herrn nicht suchen, um dieses Übel zu überwinden.

> „Wie lange lebst Du schon in der Sünde der Gebetslosigkeit? Du vernachlässigst dein Beten im Verborgenen und lebst damit in willentlicher Sünde. Du gehst mit gerecktem Hals an gegen ein Gebot, das so deutlich ist wie nur irgendeines in der Bibel!" (Jonathan Edwards: The Justice of God in the Damnation of Sinners, in: On Knowing Christ, S. 125).

Eine oft gehörte Ausrede für unsere Gebetslosigkeit lautet: „Ich kann ja auch beten während der Arbeit." oder: „Ich halte stille Zwiesprache mit dem Herrn, wenn ich Auto fahre." Das ist ja alles sehr löblich, aber es ersetzt natürlich nicht die disziplinierte Gebetsarbeit im Kämmerlein. Paulus verwendet in 1Kor 7,5 eine interessante Formulierung, indem er sagt, dass wir *„Muße* zum Beten" brauchen, also Stille, bei der wir von nichts und niemand abgelenkt werden und nichts anderes tun, als unser ganzes Sinnen auf Gott auszurichten, um mit Ihm zu reden. Und wir erinnern uns an den Herrn Jesus, der morgens früh aufstand und einen öden Ort aufsuchte, um dort zu beten (Mk 1,35).

Es ist eine Unterlassungssünde

„Wer da weiß, Gutes zu tun und tut es nicht, dem ist es Sünde" (Jak 4,17). Wir sind berufen und wir sind befähigt zu beten. Wir wissen, wie viel Gutes durch Gebet geschieht. Beten wir dann aber nicht, sündigen wir. Das müssen wir erkennen, anerkennen und bekennen, ohne Beschönigung.

Es ist Sünde gegen Gott

Er ruft uns in Seine Gegenwart, und wir verachten dieses Vorrecht. Er öffnet uns die Tür zu Seinem Haus, damit wir zu Ihm reden und Er uns antworten kann, aber wir verschmähen die Einladung. Keinem Menschen gegenüber würden wir das tun, aber Gott muss das von uns hinnehmen.

Wir können stundenlang mit Freunden schwatzen und plaudern; wir werden nie müde, ihnen zu erzählen, was uns alles wichtig ist. Aber wir finden, es sei zu viel, ein halbes Stündlein mit Gott im Kämmerlein zu reden.

Er heißt uns bitten, um zu empfangen, und wir tun nicht, was Er sagt. Er will Arbeiter in die Ernte aussenden, aber Er will es nicht ohne unsere Bitte um Arbeiter tun. Und wir beten nicht um Arbeiter.

Er gibt uns den Auftrag, die Werke Seines Sohnes fortzusetzen, und wir vernachlässigen das Gebet, ohne das dieses Werk nicht geschehen kann (Joh 14,12.13).

Es ist Sünde gegen das Volk Gottes

Samuel wusste, dass er gegen Gott und gegen Gottes Volk sündigte, sollte er aufhören, für sie zu beten:

> *„Auch ich: Fern sei es von mir, dass ich gegen den HERRN sündigen, dass ich ablassen sollte, für euch zu bitten"*
> *(1Sam 12,23).*

Das war ein Gläubiger des Alten Testaments. Ist es nicht beschämend, dass wir neutestamentlich Gläubige mit unseren höheren Segnungen, mit unserer größeren Erkenntnis und unserer besseren Ausrüstung nicht empfinden, was Samuel empfand? Gott will die Geschwister segnen, aber Er will es tun, indem wir den Segen des Herrn für sie erbeten. Können die Erlösten des Herrn uns so wenig bedeuten, dass es uns zu viel ist, täglich und regelmäßig mindestens für die Geschwister der eigenen Gemeinde zu beten? Zu beten, dass sie Gottes Willen erkennen (Kol 1,9) und in diesem Willen feststehen (Kol 4,12)? Zu beten, dass sie durch den Heiligen Geist den Herrn und seine Berufung immer besser erkennen (Eph 1,17.18)? Zu beten, dass Gott sie durch Seinen Geist am inwendigen Menschen stärke (Eph 3,16)? Zu beten, dass ihre Liebe mehr und mehr überströme (Phi 1,9)? Zu beten, dass Gott sie würdig mache Seiner Berufung, dass sich an ihnen all Sein Wohlgefallen erfülle, dass an ihnen das ganze Werk des Glaubens in Kraft geschehe (2Thes 1,11)? Zu beten, dass Gott sie bewahren, sie heiligen und sie eins machen möchte (Joh 17,11.16.21)?

Es ist Sünde gegen unsere Mitmenschen

Gott sagt uns durch den Apostel Paulus, dass Er alle Menschen retten will (1Tim 2,4), und dass wir darum für alle Menschen beten sollen (1Tim 2,1.2). Wir haben es gut verstanden, dass Menschen gerettet werden, wenn wir für sie beten. Und doch beten wir nur halbherzig oder gar nicht für sie, auf alle Fälle nicht ausdauernd. Wir sündigen gegen den Willen unseres Gottes, der ein Heiland Gott ist, der deshalb will, dass wir an allen Orten für alle Menschen beten (1Tim 2,8), und wir sündigen gegen unsere Mitmenschen, wenn wir ruhig zusehen, wie sie in ihrer Sünde umkommen.

Die wirkliche Ursache für unsere Gebetslosigkeit

Gebetslosigkeit oder Gebetsarmut sind Symptome einer tiefer liegenden Krankheit. Sie zeigen, dass unser ganzes Glaubensleben kränkelt. Wir leben und wandeln offensichtlich mehr im Fleisch als im Geist. Hat aber das Fleisch die Oberhand, ist Gebetsarmut unausweichlich, denn die sündige Natur verabscheut nichts so sehr wie Gottes Gegenwart. Bevor Adam fiel, hatte er an nichts größere Wonne als am Umgang mit Gott. Nachdem er gefallen war, floh er die Nähe Gottes. Das Fleisch hasst das

Licht (Joh 3,20), das Sinnen des Fleisches ist Feindschaft gegen Gott (Röm 8,7). Jede Regung gegen Gebet ist eine Regung des Fleisches. Und jede Regung des Fleisches, die wir dulden, ist Sünde. Gott hat das Fleisch gerichtet, darum sollen wir nicht, dürfen wir nicht und müssen wir nicht im Fleisch wandeln (Röm 8,12; Gal 5,16). Seit wir von neuem geboren sind, ist unser ehemals geknechteter Wille frei. Einst waren wir nur frei, das Eigene und damit die Sünde zu wählen (Joh 8,34). Nun aber sind wir frei, das Gute zu wählen. Nun haben wir die Fähigkeit, das Gute, das Gott will, zu tun. Er wirkt beides, Wollen und Wirken in uns (Phi 2,13). Gibt es überhaupt eine Ausrede für unsere Fleischlichkeit und damit für unsere Gebetslosigkeit?

TEIL 2:
... DES GERECHTEN

Genau so wichtig wie das Gebet ist der Beter. Der „Gerechte" ist zunächst ein jeder Gläubige, der eben durch den Glauben gerechtfertigt ist. Das bedeutet, dass Gebet das Vorrecht aller Christen ist. Aber um recht beten zu können, müssen wir auch gerecht *leben*, d. h. auch in der Praxis Gerechte sein.

> „Menschen beten so, wie sie leben, denn es ist das Leben, das betet. Das Leben, das in ganzer Hingabe alles für Gott aufgibt, kann alles von Gott erbeten. Der Mensch, der alles verliert, wird alles finden; er wird den Mut bekommen, zu bitten und es dann empfangen" (A. Murray, The Ministry of Intercession, S. 57).

Wir haben verstanden, dass Gebet viel vermag; wir haben auch verstanden, dass durch Gebet Gottes Wille geschieht. Der Herr hat uns gelehrt, zu erwarten, dass wir empfangen, worum wir bitten (Mt 7,7; Joh 14,13; 16,24). Dennoch ist unsere Erfahrung die, dass wir um Dinge gebetet haben, die nicht eintrafen. Und in der Folge haben wir uns mit Erklärungen getröstet, dass es nicht so wichtig ist, dass wir empfangen, worum wir bitten, dass es genügt, dass wir uns in Gottes Gegenwart aufhalten und dass wir beim Beten verändert werden. Das hat alles sein Richtiges an sich, und dennoch ist es keine befriedigende Antwort auf die Frage, warum wir so selten erleben, was der Herr in Johannes 16,24 verhieß:

> *„Bittet, und ihr werdet empfangen, damit eure Freude völlig sei."*

Wenn das wahr ist, dann müssen wir uns fragen, warum unsere Gebete nicht erhört wurden. Der Grund kann nicht in Gott liegen. Er ist treu. Er erfüllt Seine Verheißungen. Er vermag zu geben, worum wir bitten. Der Grund muss also in uns liegen. Wir haben offensichtlich noch nicht gelernt, so zu beten, wie wir beten sollen. Jakobus nennt in unserem Leitvers (Jak 5,16) zwei Bedingungen zum wirksamen Gebet: Gerechtigkeit und Glauben.

Wenden wir uns der ersten Bedingung zu: Jakobus sagt, dass es das Gebet *des Gerechten* sei, das viel vermag. Es muss irgendeine Ungerechtigkeit oder etwas Ungerechtes sein, das unserem Empfangen entgegensteht. Entweder ist an uns selbst Ungerechtigkeit, oder unsere Bitten haben Ungerechtes an sich.

1. Die persönliche Gerechtigkeit des Beters

Die durch Glauben geschenkte Gerechtigkeit erweist sich in persönlicher Gerechtigkeit, in einem gerechten Wandel und in gerechten Taten:

> *„Wer Gerechtigkeit tut, ist gerecht, wie er gerecht ist"*
> *(1 Joh 3,7).*

Diese Gerechtigkeit ist Voraussetzung für erhörliches Beten, wie wir an vielen Stellen im Alten wie im Neuen Testament erfahren. David weiß, dass er nur dann mit Freimütigkeit und Gewissheit der Erhörung beten kann, wenn sein Gewissen ihn nicht anklagt:

> *„Höre, HERR, die Gerechtigkeit, horche auf mein Schreien; nimm zu Ohren mein Gebet von Lippen ohne Trug! Von deiner Gegenwart gehe mein Recht aus; lass deine Augen Aufrichtigkeit anschauen! Du hast mein Herz geprüft, hast mich des Nachts durchforscht; du hast mich geläutert, nichts fandest du" (Ps 17,1-3).*

Salomo hatte von seinem Vater David gelernt:

> *„Wer sein Ohr abwendet vom Hören des Gesetzes: selbst sein Gebet ist ein Gräuel" (Spr 28,9).*

Jesaja bestätigt, was weiter oben gesagt wurde: Wenn unsere Gebete nicht erhört werden, dann liegt das am Beter, der entweder Verkehrtes betet oder in Sünde lebt:

> *„Siehe, die Hand des HERRN ist nicht zu kurz, um zu retten, und sein Ohr nicht zu schwer, um zu hören; sondern eure Missetaten haben eine Scheidung gemacht zwischen euch und eurem Gott, und eure Sünden haben sein Angesicht vor euch verhüllt, dass er nicht hört" (Jes 59,1-2).*

Paulus lehrt, dass der Beter „heilige Hände" haben muss:

> *„Ich will nun, dass die Männer an jedem Orte beten, indem sie heilige Hände aufheben, ohne Zorn und zweifelnde Überlegung" (1 Tim 2,8).*

Die „Hände erheben" ist selbstverständlich im übertragenen Sinn gemeint, was man an der Näherbestimmung „heilig" erkennen kann. Im leiblichen Sinn können Hände höchstens gewaschen oder nicht gewaschen, aber nicht heilig oder unheilig sein. „Die Hände erheben" heißt also so viel wie zu Gott beten, um von Ihm zu empfangen. Damit wir das können, muss unser Wandeln, Reden und Sinnen heilig sein. Jesaja sagt entsprechend, dass Gott sein Volk nicht hört, weil es Blut an den Händen hat (Jes 1,15).

Was der Blindgeborene sagte, war in Israel ein Gemeinplatz:

> *„Wir wissen, dass Gott Sünder nicht hört, sondern wenn jemand gottesfürchtig ist und seinen Willen tut, den hört er" (Joh 9,31).*

Wenn wir im Gehorsam leben, gewinnen wir große Freimütigkeit im Gebet:

> *„Geliebte, wenn unser Herz uns nicht verurteilt, so haben wir Freimütigkeit zu Gott, und was irgend wir bitten, empfangen wir von ihm, weil wir seine Gebote halten und das vor ihm Wohlgefällige tun" (1 Joh 3,21-22).*

Der Prophet Elia war jemand, der vor Gott wandelte, stets tat, was Gott befahl, wie wir aus 1Kön 17,2.5.8.10 ablesen. Es heißt hier wiederholt: „Das Wort des HERRN erging an ihn", und darauf: „Und er (Elia) ging hin und tat nach dem Wort des HERRN." Darum hatte er solche Freimütigkeit, von Gott etwas zu erbitten, das ganz unmöglich schien, und er wurde erhört:

> *„Und der HERR hörte auf die Stimme Elias, und die Seele des Kindes kehrte wieder in dasselbe zurück, und es wurde lebendig" (1Kön 17,22).*

Der HERR hörte auf die Stimme Elias, weil Elia stets auf die Stimme des HERRN gehört hatte. Der indische Gottesknecht Bakht Singh machte einmal in einer Predigt über 1. Mose 22 zum Widder, der sich im Dickicht verfangen hatte, folgende Anwendung: Der Widder ist unser Herr, der Mensch wurde, und er wird in die Hände Abrahams gegeben, weil Abraham Gott vollkommen gehorcht hatte. Wenn wir bereit sind, Gottes Willen zu tun, was er auch sei, gibt uns der Herr schier unbegrenzte Vollmacht im Gebet. Er gibt sich selbst gewissermaßen in unsere Hände. Diese Anwendung wird durch die Lehre des Herrn im Neuen Testament bestätigt:

> *„Wenn ihr in mir bleibt und meine Worte in euch bleiben, so werdet ihr bitten, was ihr wollt, und es wird euch geschehen" (Joh 15,7).*

Der Gerechte hängt an Christus wie die Rebe am Weinstock: Diese will keinen anderen Zweck erfüllen, als eben nur die Früchte wachsen zu lassen, die der Weinstock hervorbringen will (Joh 15,4.5). Der Christ will nicht mehr sein eigenes Leben führen; er will nicht mehr sich selbst verwirklichen; er will einzig und allein den Zielen Christi, des wahren Weinstocks, dienen; dessen Wille ist sein Wille, dessen Ziele sind seine Ziele. Wenn die Worte Christi in uns bleiben, dann regieren sie uns. Sein Wille bestimmt dann unseren Willen vollständig. Sind wir Ihm aber vollständig ergeben, dann können wir bitten, was wir wollen, und wir werden es empfangen. Diese Verheißung allein sollte genügen, um in uns ein nie zur Ruhe kommendes Verlangen zu wecken, die Wirklichkeit der Verheißung zu erfahren. Man bedenke: „...so werdet ihr bitten, was ihr wollt..."

Josua hat die Realität dieser Verheißung gekannt. Wir lesen, wie der HERR zu ihm sagt:

> *„Dieses Buch des Gesetzes soll nicht von deinem Munde weichen, und du sollst darüber sinnen Tag und Nacht, auf dass du darauf achtest, zu tun nach allem, was darin geschrieben ist; denn alsdann wirst du auf deinem Wege Erfolg haben, und alsdann wird es dir gelingen" (Jos 1,8).*

Josua muss das getan haben, denn anders ist Jos 10,12-14 nicht zu erklären. Er hätte es nie gewagt, so zu beten, und noch weniger hätte er das Erbetene empfangen, wäre er nicht jahrelang in der Schule des bedingungslosen Gehorsams gewesen. Übrigens steht in Jos 10,14 der gleiche Ausdruck, dem wir auch in 1Kön 17,22 begegnet waren: Der HERR hörte auf die Stimme eines Menschen. Beide Male geschah, was sonst nicht geschieht: Ein Toter lebte wieder, die Sonne stand still.

Gott befahl Abraham:

> *„Ich bin Gott, der Allmächtige; wandle vor meinem Angesicht und sei vollkommen" (1Mo 17,1).*

Abraham muss das getan haben; er muss vor Gottes Angesicht gewandelt sein (wie übrigens auch Elia, 1Kön 17,1), denn das ist die einzige

Erklärung für die Freimütigkeit, mit der Abraham in 1. Mose 18,22-33 betete.

Wir können nicht beten, dass Gottes Wille an Sündern geschehe, indem Gott sie rettet (1Tim 2,4), wenn wir nicht selber Gottes Willen ergeben sind (siehe Kol 4,12). Wir können nicht beten, dass Gott sich in der Gemeinde offenbare, indem Er Sein Haus erfüllt, wenn wir selbst von Eigenem erfüllt sind. Es wäre Selbstbetrug; und Gott hört Betrüger nicht (Spr 28,9). Wir können nicht um Gottes Wirken bitten, wenn wir nicht bereit sind, uns vom Herrn senden zu lassen, um Seine Werke zu tun: „Wer an mich glaubt, wird die Werke *tun*, die ich tue... und was irgend ihr bittet..." (Joh 14,12.13).

2. Kennzeichen der Bitten des Gerechten

Wir müssen im oben behandelten Sinn gerecht sein, wenn wir lernen wollen, rechte Bitten vorzutragen; denn nur wenn wir in unserem Wandel gerecht sind, können wir wachsendes Verständnis über Gottes Willen und Absichten bekommen und damit auch recht beten. Nur wenn unsere Liebe zu Gott immer mehr wächst, bekommen wir Erkenntnis und Einsicht, um das Vorzüglichere zu unterscheiden (Phi 1,9.10).

Gerechte Motive

David, der zwar nicht zur Priesterfamilie gehörte, war doch ein wahrer Priester. Er war ein Mann, der Gott nahen konnte, und der es auch ein Leben lang tat. Was er in der Gebetsschule lernte, hielt er in zahllosen Zeugnissen, Schilderungen und manchmal in wie beiläufig gemachten Bemerkungen im von ihm verfassten Gebetbuch, dem Psalter, fest. Hören wir, was er in Psalm 66 über Gebet sagt:

> *„Zu ihm rief ich mit meinem Munde, und seine Erhebung war unter meiner Zunge. Wenn ich es in meinem Herzen auf Frevel abgesehen hätte, so würde der Herr nicht gehört haben.*

> *Doch Gott hat gehört, er hat gemerkt auf die Stimme*
> *meines Gebets. Gepriesen sei Gott, der nicht abgewiesen hat*
> *mein Gebet, noch von mir abgewandt seine Güte!"*
> *(Ps 66,16-20).*

Hätte David böse Absichten gehabt, hätte er es in seinem Herzen „auf Frevel abgesehen", hätte Gott nicht gehört. Wir können beim Beten von persönlichem Ehrgeiz getrieben sein. Wir erflehen Gottes Eingreifen, weil wir Resultate sehen wollen, um sie dann vorweisen zu können. Suchen wir unsere eigene Ehre im Fortgang des Reiches Gottes, wird Gott uns nicht antworten. David aber hatte etwas anderes im Sinn. Während er mit seinem Munde rief, war Gottes „Erhebung unter (s)einer Zunge" (V. 16). Das ist sehr anschaulich gesagt. Während seine Zunge flehte, hielt sich unter der Zunge bereits das Rühmen und Erhöhen Gottes, ja Gottes, bereit. Wir können uns sehr leicht einreden, wir suchten nur Gottes Ehre, weil wir ja als gute Schriftgelehrte wissen, dass Gott Seine Ehre keinem anderen gibt (Jes 42,8). Aber bis unser Verborgenes von diesem einen Verlangen regiert ist, müssen wir wohl auch wie ein David durch viel Kümmernis und Leid gehen. In der Glut der Anfeindungen, der Nachstellungen, der Enttäuschungen, werden wir geläutert und wieder geläutert, bis langsam, langsam das Eigene zurücktritt und Gottes Sache, Gottes Name und Gottes Ehre unser Sinnen regieren.

Der Tempel Gottes in Jerusalem sollte ein Gebetshaus sein. Das wusste Salomo, und darum betete er am Tag der Einweihung des Tempels eben so, wie er betete:

> *„Doch wende dich zu dem Gebet deines Knechtes und zu*
> *seinem Flehen, HERR, mein Gott, dass du hörest auf das*
> *Rufen und auf das Gebet, welches dein Knecht heute vor*
> *dir betet: dass deine Augen Nacht und Tag offen seien über*
> *dieses Haus, über den Ort, von dem du gesagt hast: Mein*
> *Name soll daselbst sein! Dass du hörest auf das Gebet, wel-*
> *ches dein Knecht gegen diesen Ort hin beten wird. Und höre*
> *auf das Flehen deines Knechtes und deines Volkes Israel, das*

> *sie gegen diesen Ort hin richten werden; und höre du an der Stätte deiner Wohnung, im Himmel, ja, höre und vergib!"*
> *(1Kön 8,28-30).*

Was meinte Salomo, wenn er Gott darum bat, jedes Gebet zu erhören, das er oder sein Volk „gegen diesen Ort hin richten werden"? Warum hatte Daniel Fenster in Richtung Jerusalem, die er jedes Mal öffnete, wenn er sich vor Gott zum Gebet niederwarf (Dan 6,11)? Das sieht ja nach Fetischismus aus, wie beim Gebet der Mohammedaner, die meinen, wenn sie Richtung Mekka beten, müsse der dort wohnende Gott sie erhören.

Das Haus, das Salomo gebaut hatte, war die einzige Wohnung Gottes auf Erden, und dort ließ Gott Seinen Namen wohnen (1Kön 8,18.19). Die Herrlichkeit des Gottes Israels hatte dieses Haus erfüllt, ehe Salomo sein Gebet an Gott richtete (1Kön 8,10.11; vgl. Ps 26,8; 2Mo 40,34). Wer mit Glauben wie ein Daniel zu diesem Haus hin betete, sagte damit, dass die Herrlichkeit des Gottes Israels, oder genauer: das Offenbarwerden der Herrlichkeit Gottes sein tiefstes Sehnen war. Dieses Sehnen drängte ihn zum Gebet, nährte auch den Glauben des Beters. Wer beim Beten am Ende nur noch dieses eine Motiv kennt, der wird erfahren, dass jedes Gebet, das er betet, erhört wird. Schlagen wir dazu einige Stellen aus dem Neuen Testament auf:

Jakobus schreibt den Geschwistern, die Krieg in der Gemeinde hatten, dass sie keinen Frieden fanden, weil sie nicht darum beteten, und wenn sie beteten, dann taten sie es aus egoistischen Motiven:

> *„Ihr bittet und empfanget nichts, weil ihr übel bittet, damit ihr es in euren Lüsten vergeudet" (Jak 4,3).*

Man kann sogar um Ordnung und Ruhe in der Gemeinde beten, weil das den eigenen Lüsten dient.

> „Meine Gemeinde und mein Herz, sie gleichen beide sehr dem Garten des Faulen; und was noch schlimmer ist: Ich stelle fest, dass mein Wunsch, diesem Missstand abzuhelfen, meist aus Stolz,

Eitelkeit oder Faulheit geboren wird. Ich sehe das Unkraut, das meinen Garten überwuchert, und ich seufze: 'Wenn es nur ausgerottet werden könnte!' Aber warum? Was weckt diesen Wunsch? Vielleicht will ich nur durch den Garten spazieren und mir sagen können: 'Schau wie schmuck dein Garten ist!' Das ist Stolz. Oder vielleicht will ich, dass die Nachbarn über den Zaun gucken und sagen: 'Wie prächtig blüht ihr Garten!' Das ist Eitelkeit. Oder ich wäre das Unkraut gerne los, weil ich es nicht mehr ausreißen mag. Das ist Faulheit.‹ Sogar unser Verlangen nach Heiligkeit kann von unreinen Motiven befleckt sein" (C. H. Spurgeon, Morning and Evening. January 8, morning).

Man kann um Gottes Eingreifen gegen die Feinde des Evangeliums beten und dabei seine eigene Sache und seine eigene Ehre suchen. Wir lernen von den ersten Gläubigen, dass sie darum beten, dass der Name „deines heiligen Knechtes Jesus" offenbar werde:

> *„Und nun, Herr, sieh an ihre Drohungen und gib deinen Knechten, dein Wort zu reden mit aller Freimütigkeit, indem du deine Hand ausstreckst zur Heilung, und dass Zeichen und Wunder geschehen durch den Namen deines heiligen Knechtes Jesus" (Apg 4,20.30).*

Paulus betet für die Epheser, dass Gottes Kraft ihr Inneres stärken, damit der Christus in ihren Herzen wohne, damit sie in Liebe gewurzelt und gegründet sein möchten. Welches Ende hat er im Auge? Die Herrlichkeit Gottes, das Offenbarwerden all seiner Vollkommenheiten, wie der letzte Vers im Gebet von Eph 3,14-21 zeigt:

> *„Ihm sei die Herrlichkeit in der Versammlung in Christus Jesus, auf alle Geschlechter des Zeitalters der Zeitalter hin! Amen" (Eph 3,21).*

Paulus betete für die Philipper, dass ihre Liebe mehr und mehr überströmen möchte. Was war sein tiefster und höchster Beweggrund? Die

Verherrlichung Gottes, wie der letzte Vers im nachstehenden Abschnitt zeigt:

> *„Und um dieses bete ich, dass eure Liebe noch mehr und mehr überströme in Erkenntnis und aller Einsicht, damit ihr prüfen möget, was das Vorzüglichere sei, auf dass ihr lauter und unanstößig seid auf den Tag Christi, erfüllt mit der Frucht der Gerechtigkeit, die durch Jesum Christum ist, zur Herrlichkeit und zum Preise Gottes" (Phi 1,9-11).*

Zusammenfassend können wir zu den gerechten Motiven sagen: Wir suchen in allem die Verherrlichung des Vaters:

> *„Damit der Vater verherrlicht werde im Sohn" (Joh 14,13).*

Zu diesem Ende wirkt der Vater alles. Jede Gebetserhörung gewährt Er mit diesem Ziel. Ist die Verherrlichung des Vaters nicht das Ergebnis, gewährt Er die Bitte nicht. Das bedeutet aber: Wir müssen unser ganzes Leben zur Verherrlichung Gottes Leben (1Kor 10,31). Erst wenn wir alles zur Ehre Gottes tun, können wir alles zur Ehre und Verherrlichung Gottes erbeten. Unsere Gebete müssen der organische Ausfluss unseres Lebens sein. Das Gebet auf unseren Lippen muss das Gebet unseres ganzen Lebens sein.

Wir können den Wunsch, Gott zu verherrlichen, nicht in dem Augenblick heraufbeschwören, sobald wir zu beten beginnen, wenn wir nicht schon vorher und beständig die Ehre Gottes gesucht haben. Das können wir am Beispiel Elias sehr klar verfolgen.

Elia und die Offenbarung der Herrlichkeit Gottes

Jakobus nennt am Ende seines Briefes Elia als ein Beispiel für das Gebet des Gerechten, das viel vermag (Jak 5,17.18). Was Elia beim Beten bewegte, das erfahren wir beim Gottesurteil auf dem Karmel.

Elia hatte gebetet, und es hörte auf zu regnen. Die über drei Jahre anhaltende Dürre demütigte das Volk. Es war nun bereit, auf die Stimme des Propheten zu hören. Darum versammelte er es auf den Karmel. Vor ganz Israel sollte offenbar werden, dass Baal nicht Gott war. Nicht die Schöpfung mit ihren Kräften darf Gegenstand der Verehrung sein, sondern allein der Schöpfer und Lenker all ihrer Kräfte. Er gibt Regen (5Mo 28,12), und Er entzieht Regen (5Mo 28,23.24); und so gibt Er auch Leben und nimmt Leben (5Mo 32,39). Darum ist Er allein zu fürchten. Vor dem Gottesurteil richtet Elia den niedergerissenen Altar des HERRN wieder auf (1Kön 18,30). Das zeigt uns, was all die Jahre im Herzen des Propheten gewesen war und was ihn zu seinen Gebeten drängte: Anstatt dass der Gott Israels angebetet wurde – davon zeugte der niedergerissene Altar, der einzige Ort, an dem Gott in Gericht und Gnade dem Sünder begegnet –, diente das Volk den Naturkräften und den Trieben (um einen modernen Begriff zu verwenden). Gott wurde öffentlich entehrt. Der Eifer um Gottes Ehre fraß den Propheten auf (vgl. Joh 2,17). Davon zeugt sein Gebet vor dem ganzen Volk:

> *„Und es geschah zurzeit, da man das Speisopfer opfert, da trat Elia, der Prophet, herzu und sprach: HERR, Gott Abrahams, Isaaks und Israels! Heute werde kund, dass du Gott in Israel bist, und ich dein Knecht, und dass ich nach deinem Wort alles dieses getan habe. Antworte mir, HERR, antworte mir, damit dieses Volk wisse, dass du, HERR, Gott bist, und dass du ihr Herz zurückgewendet hast!"*
> *(1Kön 18,36.37).*

Es soll kundwerden, dass der HERR Gott ist in Israel, das Volk soll wissen, dass der HERR allein Gott ist. Mit anderen Worten: Der Gott Israels soll vor den Augen des ganzen Volkes verherrlicht, soll in all Seinen Vollkommenheiten manifest werden. Das Gebet, das nichts als Gottes Verherrlichung sucht, wird erhört:

> *„Da fiel Feuer des HERRN herab und verzehrte das Brandopfer und das Holz und die Steine und die Erde; und das Wasser, das im Graben war, leckte es auf. Und als das ganze*

> *Volk es sah, da fielen sie auf ihr Angesicht und sprachen: Der HERR, er ist Gott! Der HERR, er ist Gott!" (1Kön 18,36-39).*

Feuer fiel vom Himmel, wie einst auf Sodom und Gomorrha. Hier fiel es aber nicht auf die Schuldigen, nicht auf die Götzendiener, die mit aufgerissenen Augen dastanden, sondern auf das Opfertier. Die Heiligkeit Gottes offenbarte sich im gerechten Gericht am Stellvertreter. Es muss den Anwesenden – zumindest für einen Augenblick – etwas von Gottes Heiligkeit und Gottes Gnade aufgeblitzt sein. Sie fielen darum vor ihm nieder; sie gaben Ihm die Ehre, indem sie bekannten: „Der HERR, er ist Gott!" Das war Elias Sehnen gewesen all die Jahre. Er hatte endlos gelitten, als er sah, wie das von Gott erwählte Volk in die Sünde fiel und in der Sünde verharrte, wie es dem Geschöpf die Verehrung erwies, die allein dem Schöpfer zusteht (Röm 1,25). Elia muss auch verstanden haben, dass nichts das Volk zurückbringen konnte, keine Appelle, kein Locken und kein Drohen; denn einzig Gott kann ein hurerisches Herz bekehren. Dass Elia das wusste, lesen wir im V. 37:

> *„... damit dieses Volk wisse, dass du ihr Herz zurückgewendet hast."*

Nicht das Volk bekehrte sich, nicht sie neigten ihr Herz wieder Gott zu. Nein: Der HERR wendete ihr Herz zurück.[9] Ja, so sagt es uns der heilige Text, ob das uns gefällt oder nicht. Wenn wir aber annehmen, was Gott über das Herz des Menschen sagt, dann werden wir anfangen, wie Elia all unsere Hoffnung auf Gott zu setzen; alles von Gottes Kraft zu erwarten. Und das heißt, dass wir endlich Ernst machen werden mit dem

---

[9] Dass auch ein David das ganz klar sah, zeigt sein Gebet: „Neige mein Herz zu deinen Zeugnissen und nicht zum Gewinn" (Ps 119,36). Er scheint nicht so viel gehalten zu haben vom menschlichen Vermögen, das Herz zu neigen; darum bittet er Gott darum, genau das zu tun, was er nicht vermochte. Und an anderer Stelle betet er sogar: „Neige mein Herz nicht zu einer bösen Sache, um in Gottlosigkeit Handlungen zu verüben mit Männern, die Frevel tun" (Ps 141,4). Diese Bitte entspricht ganz genau dem Gebet, das wir nach der Weisung des Herrn täglich für uns beten sollten: „Führe uns nicht in Versuchung" (Mt 6,13). Allein, wer nimmt es ernst? Sowohl Elia als auch David fürchteten Gott; denn in Seinem Licht hatten sie das Licht gesehen, das Licht auch über ihre eigene, verdorbene Natur (siehe Ps 36,10 und auch 90,8).

Gebet. Wir werden aufhören, noch mehr über Methoden und Strategien nachzusinnen und zu diskutieren. Das haben wir in den vergangenen Jahren wahrlich zur Genüge getan. Wenn wir gleich Elia beständigen Schmerz im Herzen haben, weil unser Herr und Herrscher, unser Gott und Heiland Jesus Christus beständig durch sein götzendienerisches und selbstverliebtes Volk entehrt wird, dann werden wir anfangen zu beten und nicht aufhören zu beten, bis Gott eingreift und das wirkt, was nur Er wirken kann und so Seine Herrlichkeit offenbart.

Dass ein Menschenherz sich zu Gott bekehrt, ist genau solch ein Wunder wie Feuer, das vom Himmel fällt und einen Haufen Brennholz mit einem Opfertier darauf anzündet. Ich vermute, Jesaja habe an Elia gedacht, als er um Gottes Eingreifen flehte, damit die stumpfen Herzen seiner Mitjuden (Jes 63,17) bewegt würden. Er betet darum, dass die gleichen Dinge passieren wie auf dem Karmel: Feuer möge vom Himmel fallen und Holz entfachen und Wasser zum Kochen bringen:

> *„O dass du die Himmel zerrissest, hernieder führest, dass vor deinem Angesicht die Berge erbebten, wie Feuer Reisig entzündet, wie Feuer Wasser zum Wallen bringt, um deinen Namen kundzutun deinen Widersachern" (Jes 64,1-2).*

Gerechte Bitten

Es gibt Bitten mit falschen Motiven, wie wir gesehen haben. Darum müssen wir es lernen, mit gerechten Absichten zu beten. Wir müssen auch lernen, rechte Bitten vorzubringen, denn es gibt auch ungerechte und damit falsche Bitten.

Wir nehmen als Vorbild das Gebet, das der Herr die Jünger zu beten lehrte (Mt 6,9-13). Dort finden wir eine Zusammenfassung aller gerechten Bitten, die wir überhaupt beten können:

1. Wir beten, dass der Namen unseres Gottes und Vaters geheiligt werde.
2. Wir beten, dass Sein Reich komme.
3. Wir beten, dass Sein Wille geschehe.

4. Wir beten, dass Er uns mit allem versorge, was wir brauchen (und nicht mehr).
5. Wir beten, dass Er gewähre, was wir so nötig haben wie das tägliche Brot, aber das wir uns selbst nicht geben können, nämlich Vergebung unserer täglichen Schulden.
6. Wir beten, dass Er uns vor aller Art und jeder Form des Bösen bewahre.
7. Wir beten all das, weil wir wissen, dass alles Ihm untertan ist (das Reich gehört ihm), dass Er alle Macht hat (dass wir also ohne Ihn nichts vermögen), und dass Ihm alle Herrlichkeit gehört.

Ein anderes gerechtes Gebet, das der Herr uns zu beten befohlen hat, steht in Matthäus 9,38:

> *„Bittet nun den Herrn der Ernte, dass er die Arbeiter aussende in seine Ernte" (Mt 9,38).*

Der Herr hat uns hier nicht nur gelehrt und damit ein Muster gegeben, wie wir etwas Gutes erbeten können, sondern Er hat uns eine sehr bestimmte Bitte aufgetragen. Der Leser mag allein vor Gott beantworten, ob er diesem Befehl gehorcht. Wie oft beten wir im Kämmerlein, wie beharrlich beten wir in der Gemeinde, dass Gott Arbeiter erwecke und aussende? Warum tun wir es nicht? Und warum wundern wir uns dann, dass der Mangel an Arbeitern so groß ist? Es ist Zeit, dass wir diese Unterlassung als Sünde vor Gott bekennen und umkehren.

Sodann können wir vom Apostel Paulus lernen, was gerechte Bitten sind. In mehreren Briefen sagt er den Geschwistern, was er für sie erbetet. Nehmen wir uns einmal als Gemeinde, oder nimm du dir für deine persönliche Andacht einmal vor, die Gebete in

- Epheser 1,15-23
- Epheser 3,14-21
- Philipper 1,9-11
- Kolosser 1,9-11
- 2. Thessalonicher 1,11.12

der Reihe nach zu untersuchen. Liste Punkt für Punkt auf, worum Paulus bittet, denke über jede Bitte nach, bis du verstanden hast, was sie bedeutet. Und beginne dann selbst diese Bitten für die Geschwister regelmäßig vor den Herrn zu bringen. Lerne die Bitten des Apostels auswendig, und dann hast Du für jeden Tag mehr als genug Stoff für deine tägliche Fürbitte. Und du wirst während des Betens immer wieder vom Geist die Gewissheit bekommen, dass Gott dich hört. Die Gewissheit wird sogar immer größer. Du bittest ja den Herrn darum, Dinge an Seinem Volk zu wirken, die Er wirken will; denn Er hat ja dem Apostel solche Bitten aufs Herz gelegt und ihn dann inspiriert, diese Bitten niederzuschreiben. Wenn wir aber etwas nach Seinem Willen bitten, dann haben wir die Gewissheit, dass Er uns hört (1Joh 5,14).

3. Im Namen des Herrn Jesus beten

Wir können alles, was wir bis jetzt über die Bedingungen zum erhörlichen Beten gesehen haben, zusammenfassend nennen „im Namen Jesu beten". Der Herr hat erst in seinen letzten Reden an die Jünger darüber gesprochen:

> *„Bis jetzt habt ihr um nichts gebetet in meinem Namen"*
> *(Joh 16,24).*

Er gibt im Zusammenhang mit dem Beten in Seinem Namen unumschränkte Verheißungen:

> *„Um was irgend ihr bitten werdet in meinem Namen, das*
> *werde ich tun" (Joh 14,13).*

> *„Wenn ihr um etwas bitten werdet in meinem Namen, werde*
> *ich es tun" (Joh 14,14).*

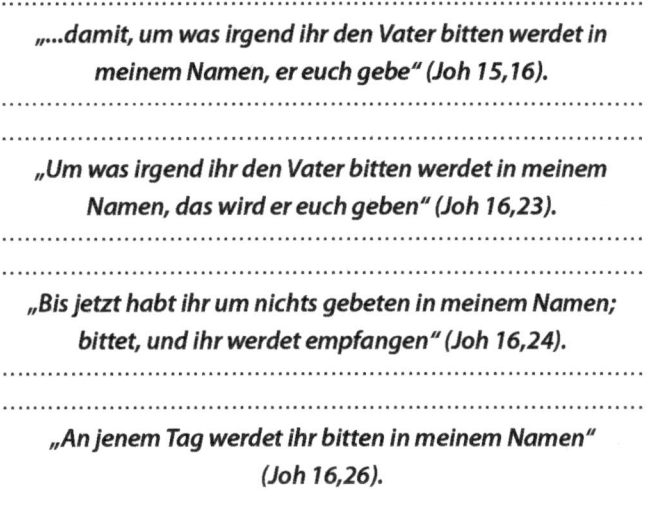

„...damit, um was irgend ihr den Vater bitten werdet in meinem Namen, er euch gebe" (Joh 15,16).

„Um was irgend ihr den Vater bitten werdet in meinem Namen, das wird er euch geben" (Joh 16,23).

„Bis jetzt habt ihr um nichts gebeten in meinem Namen; bittet, und ihr werdet empfangen" (Joh 16,24).

„An jenem Tag werdet ihr bitten in meinem Namen" (Joh 16,26).

Im Namen des HERRN Jesus beten bedeutet zunächst, dass wir beten im Bewusstsein, dass Gott uns nur wegen der Mittlerschaft Christi annehmen kann. Wir hätten kein Recht und damit auch weder Glauben noch Freimütigkeit zu beten, wenn Jesus nicht unser Mittler geworden wäre. So berufen wir uns auf Seinen Namen, d. h. auf Sein Werk, auf Seine Person, auf Seine Würde, um derentwillen Gott uns hört.

Im Namen Jesu beten bedeutet aber noch mehr. Wenn wir vor den Vater treten, dann kommen wir im Namen, d. h. im Auftrag des Sohnes Gottes. Das heißt, dass wir nicht Eigenes suchen, sondern nur die Dinge, die Christi Jesu sind. Das tun wir aber nicht so ohne weiteres – im Gegenteil: Von Natur suchen wir in allem, was wir denken, reden und tun, nur unser eigenes Reich zu schützen, zu festigen und zu mehren (siehe Phi 2,21). So verstehen wir, dass wir nie zu Betern werden, die die unumschränkten Verheißungen, die mit dem Namen des Herrn verbunden sind, in Anspruch nehmen und erlangen können, wenn nicht unsere Natur überwunden worden ist. Haben wir nicht uns selbst verleugnet (Mt 16,24), haben wir unser Leben nicht aufgegeben (Röm 12,1), um es bereitwillig für den Namen zu opfern (Apg 15,26), können wir nicht erwarten, dass Gott uns alles gibt, worum wir bitten. Erst, wenn wir unser Leben für den Namen hingegeben haben (Apg 21,13), können wir in Wahrheit in diesem Namen beten. Erst wenn wir alles, was wir tun, in

Wort oder in Werk, im Namen des Herrn Jesus *tun* (Kol 3,17), können wir auch im Namen des Herrn Jesus *beten*. Andernfalls hilft es nicht, am Schluss unserer Bitten zu sagen: „Wir beten dies alles im Namen Jesu." Damit können wir bestenfalls uns selbst täuschen; Gott kann man aber nicht täuschen.

Und schließlich: Wenn wir im Namen des Herrn Jesus beten, erbitten wir Dinge, um die der Sohn Gottes betete, als Er auf der Erde war, und um die Er jetzt in seiner himmlischen Fürbitte betet. Er betete für einen Petrus, dass dessen Glaube nicht aufhöre (Lk 22,32), und Er tritt jetzt im Himmel für all die Seinigen ein, dass sie nicht aufhören zu glauben (Heb 7,25). Im Namen des Herrn beten heißt demnach, dass auch wir für die Geschwister so beten. Der Sohn Gottes bat in Seinem hohepriesterlichen Gebet den Vater um drei Dinge: Dass Er die Erlösten bewahre (Joh 17,11.15), dass Er sie heilige (V. 17.18) und dass sie eins seien (V. 21-23). Diese drei Dinge sollten auch wir beständig für unsere Geschwister erbeten.

Der Geist Gottes legt uns solche Bitten aufs Herz; wir haben sie also von Gott. Wir beten dann das, was er auf Erden gebetet hätte, wäre Er jetzt an unserer Stelle; und wir erbeten, was Er jetzt im Himmel vom Vater erbittet. Durch den Geist werden Seine Bitten zu unseren Bitten; damit werden auch unsere Bitten zu den Seinigen. Dann kann es nicht anders sein, als dass er uns hört:

> *„Wenn wir wissen, dass er uns hört, was wir von ihm auch erbeten mögen, dann wissen wir auch, dass wir die Bitten, die wir erbeten haben, von ihm haben" (1 Joh 5,15).*[10]

---

[10] So kann man diesen Vers auch übersetzen.

4. Gewissheit der Erhörung

Wenn wir nach Gottes Willen beten, dürfen wir gewiss sein, dass Er uns hört (1Joh 5,14). Das weckt aber die Frage, wie wir wissen können, was Gottes Wille ist. Gott hat uns zwei Mittel gegeben, um seinen Willen zu erkennen: Sein Wort und Seinen Geist. Im Wort finden wir den allgemeinen Willen Gottes (z. B. 1Tim 2,4). Durch den Geist erkennen wir, inwiefern unsere besondere Bitte und unsere besonderen Umstände diesem Willen entsprechen. Das Wort allein ohne den Geist kann uns keine Gewissheit geben; aber ebenso gilt: Wenn wir meinen, nur auf den Geist achten, nicht aber die Bibel lesen zu müssen, werden wir irregeleitet. Darum müssen wir Bibelleser sein und vom Heiligen Geist erfüllt und geleitet werden.

5. Hindernisse zum erhörlichen Beten

Die Hindernisse sind Ungerechtigkeit, und zwar Ungerechtigkeit im Betenden und Ungerechtigkeit in den Bitten.

a) Unheilige Hände

Wer Gott nahen und vor ihm stehen will, muss reine Hände haben (Ps 24,3.4; 1Tim 2,8; Jes 1,15; Jes 59,1-3; Jak 4,8). Wir können unsere Hände nicht mit gutem Gewissen zu Gott erheben, wenn wir Sünde im Herzen haben. Gott wird uns die Bitten nicht gewähren, Er wird seine Gaben nicht in unsere ausgestreckten Hände geben, so lange sie unrein sind. Sünden, die erhörliches Beten verunmöglichen:

- Zorn (1Tim 2,8)
- Totschlag (siehe 1Jo 3,12:14.15; Jes 1,15; 59,1-3)
- Unversöhnlichkeit (Mk 11,25)
- Unreinheit (2Chr 23,19;1Tim 2,8)
- Rücksichtslosigkeit (1Pet 3,7)
- Üble Nachrede (Ps 15,3)

b) Götzen im Herzen

Als von den verschleppten Israeliten einige zum Propheten Hesekiel kamen und seine Fürbitte ersuchten, bekam dieser von Gott den Bescheid, dass Er keine Antwort gebe auf eigene oder stellvertretend dargebrachte Gebete von Leuten, die es ruhig hinnehmen, dass Götzen in ihren Herzen aufgekommen sind (Hes 14,3). Wir werden im Neuen Testament ausdrücklich vor den Götzen gewarnt (1Joh 5,21). Folgende Dinge heißen in der Bibel Götzendienst, alles Dinge, die jedes erhörliche Beten verunmöglichen:

- Eigenwille (1Sam 15,23)
- Liebe zum Geld (Eph 5,5; Kol 3,5)
- Ein anderes Evangelium, ein anderer Geist, ein anderer Jesus (2Kor 11,4; Gal 1,6; 1Joh 5,21)

c) Unglaube (Jak 1,6.7; Mt 17,20)

d) Ungehorsam (Spr 28,9)

e) Gleichgültigkeit (Spr 21,13)

f) Eigenliebe (Joh 15,4-8)

6. Dinge, die den Geist des Flehens (Sach 12,10) ersticken

Es gibt manche Dinge, die an sich neutral sind, und die Gott uns nicht verboten hat wie Zerstreuung, Spiel und Unterhaltung.
Und doch: Unterhaltung wie Fernsehen, Kino, Disco, Musik; Unmäßigkeit im Essen, Trinken und Schlafen; Maßlosigkeit im Schwatzen dämpfen den Geist des Gebets.

Ist Fernsehen denn Sünde? Wenn dir Tand und Unrat gefällt, behalt deine Flimmerkiste! Ich behaupte: Wenn du jeden Tag fernsiehst, wird dein Geist so belegt, dass du nicht ins Heiligtum gehen magst. Dein

Blick wird so trüb, dass du die Klarheit des Herrn nicht sehen kannst. Dein Ohr wird so verstopft, dass du die Stimme des guten Hirten nicht mehr hörst. Ich behaupte, dass es nach einem Abend vor der Röhre Stunden dauert, bis wir ins Heiligtum treten und Gott begegnen können. Wir müssen zusehen, dass uns das Hinzutreten zum Allerheiligsten ein heiliges Hinzutreten bleibt und nicht zu einer Formsache und zu bloßer Routine degradiert wird; aber genau das geschieht, wenn wir uns einmal angewöhnt haben, Unreines in der Seele zu tragen und trotzdem Gott im Gebet zu nahen.

Darf man Bier oder Wein trinken? Im Alten Bund war es so, dass die Priester keinen Wein trinken durften, bevor sie ins Heiligtum gingen:

> *„Wein und starkes Getränk sollst du nicht trinken, du und deine Söhne mit dir, wenn ihr in das Zelt der Zusammenkunft hineingehet, dass ihr nicht sterbet, eine ewige Satzung bei euren Geschlechtern, und damit ihr unterscheidet zwischen dem Heiligen und dem Unheiligen und zwischen dem Reinen und dem Unreinen ..." (3Mo 10,9-10).*

Rotwein mag ein guter Schlummertrunk sein, aber er lähmt unseren Willen, Gott zu nahen; er macht uns zu schlapp, um in Fürbitte und Gebet zu ringen. So musst du selber wissen, was dir wichtiger ist.

TEIL 3:
... WENN ES ERNSTLICH IST

Wir haben festgehalten, der Beter sei genau so wichtig wie das Gebet. Jetzt müssen wir sagen: Gott, zu dem wir beten, ist wichtiger als alles andere. Was heißt inbrünstig beten? Mit Glauben an Gott beten. Glauben setzt uns zu Gott in Beziehung. An der rechten Beziehung zu Ihm liegt alles, auch das erhörliche Beten.

1. Das ernste Gebet ist „das Gebet des Glaubens" (Jak 5,15)

Wir glauben Seinen Verheißungen. Das bedeutet zunächst, dass Gebet nicht lediglich eine geistliche Übung ist, nicht lediglich ein Mittel, um uns geistlich zu formen und zu erziehen (obwohl es das auch ist). Wir sollen nach den Worten des Herrn erwarten, dass wir *empfangen,* worum wir bitten: „Bittet, und ihr werdet empfangen" (Mt 7,7). Der Herr doppelt nach und versichert uns: „Denn jeder Bittende empfängt" (Mt 7,8). Das ist ein Gesetz seines Reiches. Der Herr will, dass wir bitten und empfangen, damit unsere Freude völlig werde (Joh 16,24). Ja, wir glauben, dass Gott handelt, wenn wir zu Ihm rufen. Gott erhört sogar weit über das hinaus, was wir bitten (Eph 3,20.21; Jer 33,3).

Wir können nur „mit Freuden beten" (Phi 1,4), wenn wir Glauben haben. Darum beginnt der Herr seine Belehrung über Gebet von Mk 11,22-25 mit der Aufforderung: „Habt Glauben an Gott!" Glauben können wir nicht produzieren; der Glaube ist eine Frucht des Heiligen Geistes. Gottes Geist und Gottes Wort wirken und nähren den Glauben.

Wir müssen alle Worte Gottes zum Nennwert nehmen, d. h. wir müssen ihnen glauben. Damit zeigen wir, dass wir Gott ernst nehmen. Es wäre eine schlimme Sünde, täten wir es nicht. Gott spricht, und was Er spricht, tut Er. Gott gibt Verheißungen, und diese nimmt Er nie zurück, denn die Gnadengaben und die Berufung Gottes sind unbereubar (Röm 11,29). Gottes Wort ist Wahrheit, denn Gott kann nicht lügen (Tit 1,2). Glauben wir Ihm nicht, machen wir ihn zum Lügner (1Joh 5,10). Darum ist Unglaube so ernst. Glauben wir nicht, werden wir nichts empfangen:

> ***„Er bitte aber im Glauben, ohne irgend zu zweifeln; denn der Zweifelnde ist gleich einer Meereswoge, die vom Winde bewegt und hin und her getrieben wird. Denn jener Mensch denke nicht, dass er etwas von dem Herrn empfangen werde" (Jak 1,6-7).***

Unglaube entehrt Gott, Glaube hingegen ehrt Gott (Röm 4,20); darum wird, wer mit Glauben betet, erfahren:

> ***„Alles, was irgend ihr im Gebet mit Glauben erbittet, werdet ihr empfangen" (Mt 21,22).***

Wir sollten dem natürlichen Reflex, der diese allumfassende Verheißung relativieren will, nicht stattgeben. Der Herr meint, was Er sagt: „alles, was irgend". Er hat das an anderer Stelle mit anderen Worten bestätigt: „Dem Glaubenden ist alles möglich" (Mk 9,23), und: „Bei Gott sind alle Dinge möglich" (Mk 10,27; siehe auch Joh 14,13; 15,7.16; 16,23).

> „Hüten wir uns davor, die Worte des Meisters... von vornherein abzuschwächen. Seine Verheißung ist buchstäblich wahr. Er will, dass Sein oft wiederholtes ‚alles' in unser Herz dringt und uns offenbart, wie groß die Macht des Glaubens und wie wirklich die Absicht des Hauptes ist, Seine Macht mit den Gliedern zu teilen, und wie völlig der Vater Seine Macht dem Kind, das Ihm völlig vertraut, in die Hände gibt. In diesem ‚alles' soll der Glaube seine Nahrung und Stärke finden. Wenn wir dieses ‚alles' abschwächen, schwächen wir unseren Glauben. Dieses ‚was irgend' ist bedingungslos. Die einzige Bedingung ist das, was im Glauben impliziert ist. Ehe wir glauben, müssen wir herausfinden und wissen, was Gottes Wille ist. Glauben ist die Tätigkeit jener Seele, die sich dem Wirken von Gottes Wort und Geist restlos ausgeliefert hat.

Wenn wir einmal auf diesem Weg Glauben empfangen haben, wird uns nichts unmöglich sein" (Murray, School S. 74).

G. Whitefield erfuhr die Wahrheit der Verheißung, dass, wenn wir Glauben haben, Gott uns alles gibt, worum wir bitten. Er schrieb aus Schottland anlässlich seiner zweiten Reise dorthin an Freunde in England:

> „Gestern brachte uns unser Heiland hierher. An Bord **verbrachte ich die meiste Zeit im einsamen Gebet.** ... Heute Morgen empfing ich herrliche Nachrichten davon, wie sich das Reich unseres Mittlers ausbreitet. Das Werk Gottes übersteigt jede Beschreibung...
>
> Ich glaube, dass Ihr in diesen kommenden vier Monaten von großen Taten Gottes hören werdet... Einmal täglich treffen wir uns, um für unsere abwesenden Freunde zu beten. **Er gibt uns Freiheit, gewissermaßen von Ihm zu erbeten, was wir wollen,** und Verheißungen, uns nie zu verlassen und zu versäumen..."

Ohne Glauben zu beten, ist ein verdrießliches Geschäft. Der Lisu-Missionar Jim Fraser schrieb einmal in einem Brief an seine Heimatgemeinde:

> „Ohne Glauben beten ist wie Brot schneiden mit einem stumpfen Messer."

Was heißt Glauben? Worin äußert sich Glauben?

- Wir vertrauen auf Gottes Macht, Gottes Gnade, Gottes Treue; d. h. auf alle seine Eigenschaften und Fähigkeiten, nicht auf unsere Eigenschaften und Fähigkeiten. Wir glauben, dass Gott uns erhört, weil Er so ist, wie Er ist, nicht weil wir würdig sind (Ps 69,17).
- Wir richten alles auf Gott aus, wir erwarten alles von Gott, wir machen alles von Gott abhängig, wir setzen alles zu Gott in Beziehung.
- Wir erkennen unsere eigene Ohnmacht. Je stärker wir sie empfinden, desto rückhaltloser werden wir uns auf Gott werfen, d. h. Ihm und Ihm allein vertrauen (Ps 22,25; 69,34). Wir erwarten nichts von uns, setzen nicht auf unseren Verstand (Spr 3,5) und vertrauen nicht un-

serem eigenen Vermögen. Wir sind nichts (Gal 6,3), der Herr ist alles. Unser Verstand ist Finsternis, bei Gott allein ist das Licht; unser Wille ist Sünde und Torheit, Gottes Wille ist Heil und Frieden.
- Wir bitten bestimmt und konkret (1Mo 18,24ff; Mk 10,51; Lk 18,41). Der Herr will hören, was wir wollen, und Er will sehen, ob wir wirklich wollen, was wir sagen: „Was willst du, das ich dir tun soll?" (Mk 10,51).
- Wir bitten erwartungsvoll; denn wir nehmen Gott ernst. Wir stehen oder liegen ja vor Ihm, und darum wissen wir, dass Er ein jedes Wort, das wir sprechen, hört und behält.
- Weil wir Gott ernst nehmen, wissen wir, dass Er auch uns ernst nimmt. Nehmen wir Gott ernst, achten wir auf Erhörungen; wir danken für erhörte Bitten. Bei nicht erhörten Bitten fragen wir: Warum wurden sie nicht erhört?
- Wir beten mit Ausharren (Ps 5,2-4). Wir schauen auf zum Herrn, der im Himmel thront, wie die Knechte auf die Hand ihres Herrn *bis er uns gnädig ist* (Ps 123,1.2).

Ausharren ist ein Beweis des Glaubens

Dass Ausharren ein Beweis für wirklichen Glauben ist, lernen wir an der Syrophönizierin in Matthäus 15,21-28. Sie ließ sich von keinen entmutigenden Worten, sei es der Jünger oder sei es des Herrn, davon abbringen, zu Ihm zu schreien. Dieses hartnäckige Rufen bewertet der Herr als Beweis eines großen Glaubens (V. 28).

Weitere Beispiele:
- Jakob weigerte sich, den Herrn zu lassen, bis er ihn segnete (1Mo 32,27).
- David bedrängte den Herrn morgens, mittags und abends mit der gleichen Bitte (Ps 55,18).
- Der Pilger von Ps 123,2 war entschlossen, so lange auf den Herrn zu harren *bis* er sich ihm in Gnade zuwandte.
- Asaphs Hand blieb zu Gott ausgestreckt, und er ließ sich von keinem menschlichen Trost zufrieden stellen (Ps 77,3), sondern betete und rang so lange, bis Gott ihm geantwortet hatte.

- Elia streckte sich so oft über das tote Kind und schrie zum HERRN, bis der HERR antwortete (1 Kön 17,21). Auf dem Karmel betete er so lange und achtete so lange auf ein Zeichen der Erhörung, bis er sah, wie Gottes Antwort kam (18,43).
- Unser Herr verharrte die ganze Nacht im Gebet, ehe Er die zwölf Apostel berief (Lk 6,12), und Er betete im Garten Gethsemane dreimal die gleichen Worte (Mt 26,39-44).
- Paulus flehte dreimal zum Herrn, bis der Herr ihm auf sein Gebet antwortete (2 Kor 12,8).

> „Jeder Christ sollte, wenn er einmal darüber Gewissheit bekommen hat, dass seine Bitte Gottes Willen entspricht, fortfahren mit glaubendem, erwartungsvollem und ausharrendem Gebet, bis der Segen gewährt wird... Ich bete täglich und ohne einen Tag auszulassen für die Bekehrung gewisser Menschen schon zehn Jahre, für andere sechs oder sieben Jahre, für andere zwei oder drei Jahre, und doch habe ich die Erhörung noch nicht empfangen, obwohl viele tausend andere meiner Gebete in der gleichen Zeit erhört worden sind... Ich betone das eigens zum Nutzen von Christen, die vielleicht denken, man müsse Gott nur bitten und werde die Sache sogleich empfangen; oder dass man irgend etwas erbitten könne und es sicher bekommen müsse. Wir dürfen nur dann mit der Erhörung rechnen, wenn wir nach Gottes Sinn und Willen beten. Aber auch dann sind Glaube und oft jahrelange Geduld notwendig, wie auch ich für die erwähnten Seelen lange bete und noch immer warte. Trotzdem bete ich jeden Tag für sie und erwarte die Erhörung, so gewiss, dass ich Gott oft dafür gedankt habe, obwohl ich für eine bestimmte Person schon 19 Jahre bete und mein Glaube und meine Geduld noch immer auf die Probe gestellt sind. Lasst euch ermutigen, liebe Mitchristen, euch mit frischem Glaubensmut dem Gebet hinzugeben, wenn ihr nur dessen gewiss seid, dass eure Bitten zur Verherrlichung Gottes sind."
> (Georg Müller, zitiert in Murray: School, S. 235-236).

Zwei Gleichnisse

Dass wir glauben, worum wir beten, zeigt sich an unserer Zudringlichkeit im Gebet. Um uns das zu lehren, sagte uns der Herr ein Gleichnis (Lk 11,5-13). Es finden sich in ihm drei Antriebe zum zudringlichen Beten:

a) Die Not ist groß (ich habe kein Brot).
b) Der Nachbar hat genug Brot.
c) Der Nachbar ist mein Freund.

Die Freundschaft zum Nachbarn und die Tatsache, dass dieser genug Brot hatte, waren wichtige Voraussetzungen, aber das allein genügte in diesem Fall nicht, wie der Herr ausdrücklich sagt: Der Nachbar steht nicht auf, um seinem Freund das Brot zu geben, nur weil er sein Freund ist, „sondern um seines unverschämten Geilens willen" (Luther).

Dass der Herr unser und wir sein sind, ist die Voraussetzung, dass ich mich überhaupt in irgendeiner Not an Ihn wende. Und weil ich weiß, dass Gott allein die Macht und die Weisheit besitzt, der Not abzuhelfen, gehe ich zu Ihm. Manchmal geht es aber um Dinge, bei denen es nicht genügt, dass wir des Herrn sind, wo es mehr braucht, um das Gewünschte zu bekommen, nämlich Zudringlichkeit und Entschlossenheit, wie bei Jakob, oder wie Asaph, der in der Nacht betete und sagte: „Meine Seele weigerte sich, getröstet zu werden" (Ps 77,3); denn er war nicht willens, den allgemeinen Trost hinzunehmen, dass alles, sein Ergehen und seine Umstände, in guten Händen waren. Er bestand darauf, dass sein Herr rede, eingreife, handle, befreie. Zudringlich, bisweilen geradezu hartnäckig können wir aber nur beten, wenn wir wirklich glauben, dass wir vor Gott selbst stehen, vor dem Thron des höchsten Herrschers. Er sieht uns, Er schaut auf uns, Er hört ein jedes Wort, das wir vor Ihm aussprechen. Manchmal beten wir aber, als ob wir weit weg und der Herr hinter hohen Mauern verborgen wäre und wir nie von Angesicht zu Angesicht mit Ihm sprechen könnten (vgl. 2Mo 33,11). Zu oft ist der unumschränkte und alles tragende und wirkende Gott nicht mehr als eine statistische Größe in meinem Lebenskalkül. Wenn ich dann bete, bete ich eigentlich gar nicht, sondern ich rede nur mit mir selbst, wie der Pharisäer im Tempel (Lk 18,11). Ich breite meine lieben Wünsche vor mir selbst aus und träufle mir ein wenig Trost in die Seele.

Natürlich kann ich im Schlosshof des Königs hin- und hergehen und meine Wünsche leise vor mir aussprechen; nur bewegen diese nichts. Ich kann aber auch im Thronsaal vor dem König selbst stehen und Ihm alles sagen, was ich im Herzen trage. Der Unterschied ist immens.

Um uns den Zusammenhang von Glauben und Ausharren zu lehren, sagte der Herr eigens ein weiteres Gleichnis (Lk 18,1-8). Es finden sich auch in ihm drei Antriebe zum Ausharren im Gebet:

a) Die Not der Witwe ist groß (ihr wird Unrecht getan).
b) Sie ist im Recht.
c) Der Richter ist der Einzige, der ihrer Not abhelfen kann.

In Lukas 11 war die besondere Lektion die, dass die Freundschaft zum Nachbarn allein nicht genügte, um das Erbetene zu bekommen; in Lukas 18 lernen wir, dass es nicht genügt, im Recht zu sein, damit wir das Erbetene bekommen. Beide Male sind zusätzlich Zudringlichkeit, Entschlossenheit und Ausharren nötig.

Anders als der Nachbar in Lukas 11,5-8 gibt Gott gerne (11,9-13).
Anders als der ungerechte Richter verschafft der Herr den Seinen ihr Recht gerne (Lk 18,7.8). Das aber bedeutet: Die Hindernisse sind nicht in Gott, sondern sie sind in uns. Das müssen wir aber erstens erkennen, und zweitens müssen wir die Hindernisse ausräumen. Darum muss Gott uns oft lange warten lassen, bis Er geben kann, worum wir beten.

> „Im Gebet bekennen wir Gottes Vollkommenheiten und seine Größe, seine Heiligkeit, seine Güte und seine Allgenugsamkeit sowie unsere Nichtigkeit, Leere, Hilflosigkeit, Abhängigkeit und Unwürdigkeit, sowie unsere Mängel und Bedürfnisse – das alles aber nicht, weil wir Gott darüber informieren oder damit Sein Herz geneigt machen und Ihn dazu überreden müssten, sich unser erbarmen zu wollen, nein, sondern damit unsere eigenen Herzen von den Wahrheiten, die wir aussprechen, bewegt und wir zugerüstet werden, den Segen zu empfangen, um den wir beten" (Jonathan Edwards, Religious Affections, S. 43-44).

Während wir lange für eine Sache scheinbar vergeblich beten, werden in uns Fragen folgender Art wach:

a) Haben wir echten Glauben, also überhaupt Glauben (Lk 18,8; Jak 1,6)?
b) Was sind unsere Beweggründe? (1Sam 1; Jak 4,3).
c) Sind wir Freunde der Menschen in Not? Denn das müssen wir sein, wenn wir auf Gottes Freundschaft bauen und entsprechend beten. Elia war ein Freund der Menschen in Not, was sich daran zeigte, wie er sich mit der Not der Witwe und mit dem Tod ihres Sohnes identifizierte.

Es ist gut, dass Gott uns im Gebet oft längere Zeit warten lässt, denn es erprobt den Glauben und reinigt die Motive. Es gibt aber noch einen wichtigen Grund, warum Gott uns nicht immer so schnell gibt, was wir meinen sehr nötig zu haben: Er lässt mich warten, denn Er muss mich daran erinnern, dass alles am Wohlgefallen Gottes liegt. Er schuldet uns keine Wohltaten; wir haben uns mit der Sünde alles verspielt. Das dürfen wir nie vergessen. Jede gute Gabe, mithin auch jede Gebetserhörung ist reine Gnade und nichts als Gnade.

Eine Illustration für ausharrendes und am Ende obsiegendes Gebet

Gott hält seine Segnungen in der Hand wie der Vater einen Apfel. Will das Kind den Apfel, muss es den Vater bitten, und er öffnet seine Hand und der Apfel gehört dem Kind. Zudringlich beten heißt nun, die Segnungen Gottes seinen Händen zu entwinden. Wir bitten um eine Seele, und der Herr fragt: „Warum soll ich sie dir geben?" Und wir antworten: „Weil du gesagt hast, dass du willst, dass alle Menschen gerettet werden und zur Erkenntnis der Wahrheit kommen" (1Tim 2,4). Dieses Wort weckt in uns den Glauben, dass wir empfangen werden, worum wir bitten. Damit haben wir schon einen der fünf Finger der Hand geöffnet. Wir bitten wieder, und Gott sagt uns: „Ich kann dir diese Bitte nicht erfüllen, weil die Wohltat dich übermütig und leichtfertig machen würde", worauf wir uns vor Gott demütigen und so lange vor Ihm ausharren, bis wir den Übermut verabscheuen und ablegen. Der Glaube, dass Gott uns die Bitte gewährt, wird gemehrt, und damit öffnet sich der zweite

Finger. Wir bitten wieder, und Gott fragt uns: „Ist dir wirklich ernst um deine Bitte?", worauf wir dem Herrn sagen, dass wir entschlossen sind, so lange zu beten, bis Er uns gnädig ist (Ps 123,1.2), und Gott gibt uns den Glauben, im Gebet auszuharren. Damit öffnet sich der dritte Finger. Wir beten weiter, und Gott antwortet: „Du suchst in dieser Sache nur deine eigene Ehre." Wir demütigen uns so lange und halten so lange stille vor dem Herrn und beten so lange weiter, bis wir die Sünde, unsere eigene Ehre zu suchen, verabscheuen. Jetzt erfüllt uns der Glaube, und damit die Gewissheit, dass wir das Erbetene empfangen haben. Der vierte Finger öffnet sich: Der Apfel fällt uns aus der Hand des Vaters zu.

Wie wächst der Glaube?
- Durch Gottes Wort (Röm 10,17).

    „Das Wort Gottes muss gelesen, gelernt und im Herzen aufbewahrt werden. Meine persönliche Erfahrung hatte mich gelehrt, wie wichtig es für mein Leben gewesen war, dass ich ganze Abschnitte der Bibel und auch Kirchenlieder auswendig konnte. Wenn die Notwendigkeit bestand, rief der Geist Gottes ein Wort Gottes in Erinnerung und machte es im rechten Augenblick lebendig und wirksam. Auf diesem Weg entstand das einfache Schlagwort: ‚Der Geist gebraucht das Wort.' Dieses habe ich buchstäblich Tausende von Malen mir selbst, anderen Missionaren und Scharen von Chinesen gesagt" (Monsen S. 30-31).
- Durch Gottes Geist. Darum harren wir still auf Gott. Wir gehen im Kämmerlein auf die Knie und warten, bis der Heilige Geist uns vor Gott gestellt und unser Herz mit Gottesfurcht und mit Glauben erfüllt hat.
- Durch Zeit, die wir in Gottes Gegenwart verbringen.

    „Es gibt keine Zeit, die gewinnbringender sein könnte als die Zeit, die wir am frühen Morgen in der Gegenwart des Herrn verbringen... Wir müssen uns Zeit nehmen, um heilig zu werden... Wenn wir unsere Bitten vor den Herrn bringen, eilen wir meist viel zu bald zur nächsten Bitte, oder verlassen das Kämmerlein, bevor wir eine Antwort bekommen haben. Zeigt das nicht, wie wenig wir mit einer Antwort rechnen, und wie unwichtig sie uns ist? Hätten wir es gern, wenn man uns so behandelte? Warteten wir geduldiger auf den Herrn, blieben uns viele Fehler und manche Nöte erspart" (Hudson Taylor, Union and Communion).

- Durch Gebet: Wir müssen zunächst Glauben haben, um beten zu können, aber es gilt auch: Indem wir beten und in dem Maß, in dem wir beten, wächst unser Glaube.
- Durch Selbstverleugnung (Joh 5,44).
- Durch Arbeiten im Werk des Herrn (Lk 17,5-10).
- Durch Aussprechen und Bedenken, wer der in Seinem Wort offenbarte Gott ist: Vater (Mt 6,9); Schöpfer und Herrscher (Apg 4,25); Heiland Gott (1Tim 2,1-4); der Allmächtige (Off 1,8); der allein weise Gott (Röm 16,27); der Gott aller Gnade (1Pet 5,10); der Vater der Erbarmungen (2Kor 1,3); der Unveränderliche (Heb 13,8).
- Durch die Erkenntnis, dass alles mit Gott beginnt, dass die Errettung und der Glaube, auch der Wunsch und der Drang zu beten, von Gott gewirkt wird (Phi 2,13), dass Er es ist, der uns die Bitten aufs Herz legt, um uns dann zu geben, worum wir bitten (1Joh 5,14.15).

Glaube und Gewissheit

Ohne Gottes Wort gibt es keinen Glauben, und ohne das Wirken des Heiligen Geistes können wir nicht glauben, stützt sich doch Glaube auf jemanden, der ganz unseren Sinnen, unserem Verstehen und erst recht unserem Zugriff entrückt ist. Der Sünder hat in sich kein Organ, mit dem er Gott erkennen und sich folglich auf Gott verlassen könnte.[11]

Wir lesen ein Wort wie Matthäus 21,22. Wir dürfen dabei nicht vergessen, dass Gott den Glauben wirkt. Er wirkt ihn für die Dinge, die Er tun will (1Jo 5,14). Wir lernen das an Petrus in Mt 14,28.29. Es hätte Petrus nichts genützt, hätte er lediglich den Wunsch gehabt, auch einmal auf dem Wasser gehen zu können. Es hätte noch so viel „Glauben" mobilisieren kön-

---

[11] Selbstverständlich gibt es den natürlichen „Glauben", den der natürliche Mensch, und sei er ein religiöser Katholik, Jude oder Mohammedaner, mit den Dämonen gemein hat (Jak 2,19). Aber das ist nicht der Glaube, der den Glaubenden an Gott bindet. Einen solchen Glauben können nur die aus Gott Geborenen haben.

nen, es hätte nicht geholfen. Er konnte nur deshalb auf dem Wasser gehen, weil der Herr ihn rief. Was der Beter immer wieder erlebt, ist dem Grundsatz nach genau das Gleiche. Der Herr vermag alles; Ihm ist nichts unmöglich. Während ich für eine Sache bete, die der Allmächtige vermag, gibt Er mir den Glauben, dass Er es in diesem besonderen Fall auch tun werde. Ich weiß aus der Schrift, dass Gott alle Menschen retten will (1 Tim 2,4); ich weiß auch aus der Schrift, dass der Sohn Gottes die Macht über alles Fleisch hat (Joh 17,2). Aber ich weiß auch aus der Schrift, dass es wenige sind, die durch die enge Pforte eingehen (Mt 7,13.14). Immer wieder haben Beter es bestätigt: Sie beten für eine bestimmte Seele oder für eine Volksgruppe, und dann gab ihnen Gott, der Heilige Geist, im Gebet die Gewissheit, dass Er das Gebet erhört habe und die Seele oder Seelen retten werde.

> „So betete Jim Fraser Jahre hindurch um Hunderte von Lisu-Familien für Gott. Dann aber schien Gott zu ihm zu sagen: ‚Du hast lange genug gebetet. Wann willst du glauben, dass dein Gebet erhört ist? Jim Fraser hatte über dem jahrelangen Umgang mit Gott Ausharren gelernt. Sein inneres Ohr hatte sich geübt und geschärft. So wuchs sein Gemerk für Gott und für die Stunden, in denen Gott den Beter empfangen und handeln heißt. Er schrieb: ‚Im vollen Bewusstsein dessen, was ich tat und was es mich kosten würde, betete ich, gewiss der buchstäblich Erhörung. Ich bat Gott um Hunderte von Lisu-Familien. In der friedvollen, ruhigen Gewissheit des Erhörtseins erhob ich mich.' Man fragte ihn einmal, warum er nicht um Tausende von Familien gebetet habe. Sein Antwort hieß: ‚Gott gab mir dafür keinen Glauben.'" (Johanna Lorch: Betern öffnet sich die Tür, S. 23).

Glauben und Empfangen

In Markus 11,24 gibt uns der Herr eine besondere Verheißung:

> *„Darum sage ich euch: Alles, um was irgend ihr betet und bittet, glaubt, dass ihr es empfangen habt, und es wird euch werden" (Mk 11,24).*

Der Herr sagt nicht: „Glaubt, dass ihr es empfangen *werdet*", sondern, „dass ihr es empfangen *habt*", und doch fährt er fort: „und es wird euch werden". Wenn wir um eine Sache bitten, geschieht es immer wieder, dass wir während des Betens bereits die Gewissheit bekommen, dass wir das Erbetene empfangen haben. Bis die empfangene Erhörung sichtbar wird, kann es oft noch längere Zeit dauern. Aber ich wiederhole: Es ist allein Gottes Geist, der uns Gewissheit geben kann. Das ist wie bei der Gewissheit, dass wir Kinder Gottes sind (Röm 8,16). So lange wir uns etwas einreden, beweisen wir damit nur, dass wir keine Gewissheit haben. Hat der Geist Gewissheit gewirkt, findet die Seele in der Zusage Gottes vollkommene Ruhe.

> „Das Jahr (1923) ging zu Ende. 129 Familien, das sind etwa 600 Menschen, waren Christen geworden... Seinen Gebetsfreunden schrieb Jim Fraser: ‚Vielleicht sagt mancher: Dein Gebet ist endlich erhört worden. Nein! Es war damals, am 12. Januar 1915 erhört worden. Ich war schon damals der Erhörung gewiss. Nur die sichtbare Erfüllung kommt jetzt" (Lorch, S. 42).

Einige persönliche Erfahrungen

Mehr als einmal habe ich das im Gebet für verlorene Menschen erfahren. Da war eine junge Frau mit einem jungen Mann befreundet. Der Mann kam zum Glauben, die Freundin war anfänglich interessiert und kam regelmäßig in die Gemeinde, und dann begann ihr Interesse abzukühlen. An einem Abend, als ich eigentlich schon zu Bett gehen wollte, legte sich eine solche Last für diese junge Frau auf mein Herz, dass ich im Badezimmer auf die Knie fiel und anfing, für sie zu flehen. Nach einiger Zeit überkam mich die völlige Gewissheit: Der Herr hat sie gerettet, und ich dankte ihm schon dafür. Nach einigen Wochen kam sie an einer Wochenendfreizeit, bei der ich nicht dabei war, zum Glauben.

Manchmal ist die Zeit, die zwischen dem Empfangen und der Verwirklichung liegt, etwas länger. Im Sommer 1973 gab mir der Herr während meiner fortlaufenden Bibellektüre die Antwort auf eine besondere Bitte, die ich schon seit Monaten und eben noch einmal vor den Herrn gebracht hatte. Ich las gerade in 4. Mose 23. Als ich zu Vers 19 kam, gab mir Gott die Gewissheit, dass er einen mir sehr nahe stehenden Menschen retten werde:

> *„Nicht ein Mensch ist Gott, dass er lüge, noch ein Menschensohn, dass er bereue. Sollte er gesprochen haben und es nicht tun, und geredet haben und es nicht aufrecht halten?"*
> *(4Mo 23,19).*

Es dauerte von da an 32 Jahre, bis ich im Jahr 2005 anfangen konnte, mit der betreffenden Person in der Bibel zu lesen. Die ganzen dazwischen liegenden Jahre hatte ich immer wieder für ihn gebetet, weil ich wusste, dass Gott ihn retten würde. Und dann öffnete Gott ihm das Herz, und ich konnte dastehen und wie ein Eliezer stumm zusehen (1Mo 24,21), wie der Herr anfing, Seine Verheißung zu erfüllen.

Ein anderes Mal, es war irgendwann in den 1980er Jahren, betete ich am Morgen wie gewohnt zuerst für verschiedene Geschwister unserer Versammlung und dann für befreundete Versammlungen. Während ich für eine bestimmte Gemeinde betete, die in Gefahr stand, sich in eine Sackgasse zu verlaufen, ergriff mich eine außergewöhnliche Not für sie, und die Entschlossenheit wuchs, so lange für sie zum Herrn zu schreien, bis er sich der Gemeinde erbarmte. Nach einiger Zeit gab mir Gottes Geist die Gewissheit, dass Gott das Gebet erhört und die Gemeinde gerettet habe. Im Lauf der nächsten Wochen und Monate trat eine sichtbare Veränderung ein.

Es sind nicht immer so dramatische Dinge wie die eben Geschilderten. Es kann sich auch um so Alltägliches handeln wie einen Hausbesuch oder eine Predigt, die man vorbereitet. Vor einem Hausbesuch oder einem schwierigen Gespräch bete ich, bis ich die Antwort vom Herrn empfangen habe. Manchmal ist die Antwort einfach: „Sei ohne Sorge; ich bin mir Dir." Manchmal ist sie deutlicher: „Die Geschwister werden zurecht kommen."

Wir schließen unseren Gedankengang mit einem Zeugnis von Waisenvater Georg Müller:

„Aber das Bemerkenswerteste ist dies: Die Summe von 6£, 6s. 6d. füllte den ganzen Bedarf aus für das Errichten des neuen Waisenhauses. Sechs Jahre und sechs Monate habe ich täglich und meistens mehrmals am Tag den Herrn darum gebeten, mir die nötigen Mittel zur Ausweitung der Arbeit zu geben. Dazu wurden gemäß den Berechnungen vom Frühjahr 1861 50 000 Pfund benötigt. Nun habe ich diese Gesamtsumme bekommen. Ich preise den Herrn dafür, dass er mir diese Ausweitung des Werkes ins Herz gegeben und mir dafür den Mut und den Glauben gewährt hat, und vor allem dafür, dass Er mir Tag für Tag den Glauben erhalten hat, ohne zu wanken. Als der letzte Geldbetrag einging, war meine Gewissheit um nichts größer als ganz am Anfang, als noch nicht eine einzige Gabe eingegangen war. Ich war von Anfang an, nachdem ich nach geduldigem Harren auf den Herrn und rigoroser Herzensprüfung Seiner Absichten gewiss geworden war, der Erfüllung so gewiss, als ob die beiden Häuser mit ihren Hunderten von Waisenkindern bereits vor mir gestanden wären" (Georg Müller, zitiert in Murray, School, S. 236-237).

2. Gebet und der Heilige Geist

Mit der Wiedergeburt sind wir zu Söhnen Gottes geworden. Gott hat den Geist seines Sohnes in unsere Herzen gesandt, durch den wir rufen: Abba, Vater! (Gal 4,6). Damit ist jedes Kind Gottes ein Beter.

Wir können nur durch den Geist (Eph 2,18) und im Heiligen Geist (Jud 2) beten. Der Heilige Geist öffnet mir die Ohren, die Stimme des Herrn zu hören (Off 1,10) und die Augen, den Herrn auf dem Thron zu sehen (Apg 7,55; Off 4,2). Der Geist stellt mich vor Gott (Off 1,4). Er macht mir die Wirklichkeit Gottes zur persönlich empfundenen unmittelbaren Wirklichkeit. Er wirkt Glauben. Nun kann ich beten.

Darum brauchen wir den Heiligen Geist. Der Herr verhieß den Jüngern den Heiligen Geist (Apg 1,4.5). Die Jünger warteten nun nicht passiv darauf, dass der Herr Sein Versprechen wahr machen würde, wie wir es all zu oft tun; sondern sie begannen, mit Ernst darum zu flehen (Apg 1,14), und ihre Bitte wurde gewährt (Apg 2,1). Und nachdem die Bitte gewährt und die Apostel mit dem Heiligen Geist erfüllt worden waren (Apg 2,4), dachten sie nicht, sie seien jetzt mit allem ausgestattet, jetzt müssten sie den Herrn nicht mehr im Gebet suchen. Es ist unser Glück, dass sie nicht so dachten, denn sonst wäre das Evangelium kaum über die engen Mauern Jerusalems hinausgelangt und schließlich auch zu uns gekommen. Nein, sie beteten fortwährend und immer wieder, und sie wurden in der Folge immer neu mit dem Heiligen Geist erfüllt:

> *„Und als sie beteten, bewegte sich die Stätte, wo sie versammelt waren; und sie wurden alle mit Heiligem Geiste erfüllt und redeten das Wort Gottes mit Freimütigkeit" (Apg 4,31).*

Asaph betete:

> *„Belebe uns, und wir werden deinen Namen anrufen"*
> *(Ps 80,19).*

Er war ein Beter, und er hatte es gelernt, dass er aus sich heraus nicht beten konnte. Er musste dazu *belebt* werden; er brauchte Leben aus Gott. Mit Gottes Geist kommt göttliches Leben. Er belebt uns, so dass wir mit Glauben, mit Gewissheit, mit Freude und mit Ausharren beten können, wie David Brainerd:

> »Nach dem Gottesdienst durfte ich im Gebet den besonderen Beistand meines geliebten Herrn erleben. Obwohl es ein Ringen in der Fürbitte war, empfand ich es als ein köstliches Vorrecht, dem ich freudigen Herzens nachkam« (Brainerd, S. 25).

Immer wieder erleben wir es: Wir gehen ins Kämmerlein und werfen uns vor Gott auf die Knie, und dann harren wir auf Ihn nach Jes 40,30. Gottes Geist kommt und lässt uns auffahren zu Gott. Der Heilige Geist lässt uns die Herrlichkeit des Herrn sehen (2Kor 3,18). Der Anblick des Herrn füllt unser Herz mit Gottesfurcht und mit Glauben. Jetzt können wir beten und alles andere vergessen, beten und dabei immer die Gewissheit haben, dass Gott unsere Bitten annimmt.

»Der Geist Gottes befähigte mich, meinen Glauben auszuüben und mit brennendem Eifer um die Ausbreitung des Reiches Gottes zu flehen und auch meine Freunde fürbittend vor ihn zu bringen. Am Nachmittag befähigte mich der Herr, mit ihm zu ringen und, wie mir schien, die Kraft der göttlichen Liebe im Gebet zu erfahren« (Brainerd, S. 26).

Fassen wir Teil 3 zusammen, indem wir hören, was Georg Müller über erhörliches Beten sagte:

„Fünf Bedingungen zum siegreichen Gebet:

1. Völliges Vertrauen auf das Verdienst und die Mittlerschaft des Herrn Jesus Christus als der alleinigen Grundlage von jeglichem Segen (siehe Joh 14,13.14; 15,16 usw.).
2. Ablegen von jeder bekannten Sünde. Wenn wir Ungerechtigkeit im Herzen behalten, wird der Herr uns nicht hören, denn dann müsste er Sünde gutheißen (Ps 66,18).
3. Glaube an die von Gott in der Bibel gemachten Verheißungen, die er mit seinem Eid bekräftigt hat. Nicht an ihn zu glauben hieße, ihn zum Lügner und Meineidigen machen (Heb 11,6; 6,13-20).
4. Beten in Übereinstimmung mit seinem Willen. Unsere Motive müssen Gott gemäß sein; wir dürfen keine Gabe begehren, um sie in unseren Lüsten zu vergeuden (1Joh 5,14; Jak 4,3).
5. Zudringlichkeit im Flehen. Wir müssen auf Gott harren und auf sein Eingreifen warten, so wie der Ackersmann mit großer Geduld auf die Ernte wartet (Jak 5,7; Lk 18,1-8)."
(Georg Müller, Answers to Prayer).

TEIL 4:
GRÜNDE, WARUM GOTT UNSERE GEBETE NICHT ERHÖRT

Wir kennen es selber, und wir finden in der Bibel viele Beispiele für nicht erhörte Gebete:
- Das Volk Israel (5Mo 1,45; Jes 1,15; 59,1.2; Jer 14,12)
- Mose (2Mo 32,31-33; 5Mo 3,23-28)
- Hiob (Hi 6,8.9)
- Jeremia (Jer 7,16; 11,14)
- Die Zebedäussöhne (Mk 10,35-37)
- Martha (Lk 10,38-42)
- Die Schriftgelehrten (Mt 12,38)

Manche Bitten weist der Herr ab, weil sie menschlich, irdisch oder töricht sind:

> *„Und es treten zu ihm Jakobus und Johannes, die Söhne des Zebedäus, und sagen zu ihm: Lehrer, wir wollen, dass du uns tust, um was irgend wir dich bitten werden. Er aber sprach zu ihnen: Was wollt ihr, dass ich euch tun soll? Sie aber sprachen zu ihm: Gib uns, dass wir einer zu deiner Rechten und einer zu deiner Linken sitzen mögen in deiner Herrlichkeit" (Mk 10,35-37).*

Diese kühne, einfältige und auch törichte Bitte kommentiert der Herr kurz und gut:

> *„Ihr wisst nicht, um was ihr bittet" (Mk 10,38).*

Viele Gebete sind aus Ehrgeiz geboren. Es ist schon Torheit genug, einen Posten im Reich Gottes zu begehren, aber dann den Herr auch noch darum zu bitten, ist so töricht, dass man es mit Worten nicht beschreiben kann.

Andere Gebete sind aus Unwillen geboren:

> *„Martha aber war sehr beschäftigt mit vielem Dienen; sie trat aber hinzu und sprach: Herr, kümmert es dich nicht, dass meine Schwester mich allein gelassen hat zu dienen? Sage ihr nun, dass sie mir helfe" (Lk 10,40).*

Wie töricht von uns, wenn wir erstens darauf schielen, was andere tun oder nicht tun, und zweitens noch meinen, es im Gebet dem Herrn sagen zu müssen, Er wolle doch bitte die Schwester X oder den Bruder Y zurechtweisen. Er wird es nicht tun, wie Martha zu hören bekommen musste (V. 41).

In Lukas 12,13.14 findet sie eine weitere törichte Bitte, die uns zeigt, dass wir den Herrn umsonst bitten, uns irgendwelche irdischen Vorteile zu sichern. Dazu ist Er nicht in diese Welt gekommen.

In Psalm 106,14.15 und 1. Samuel 8,5 haben wir Beispiele dafür, wie Gott den Menschen auch Dinge geben kann, die nicht Seinem „guten und wohlgefälligen und vollkommenen Willen" (Röm 12,2) entsprechen. Das ist aber jedes Mal ein Ausdruck Seines Zornes und es geschieht zur Züchtigung eines in Eigenliebe und Kurzsichtigkeit gefangenen Gottesvolkes.

1. Gott sagt Nein, weil Er ein höheres Ziel verfolgt als wir

Jeremia 7,16; 11,14; 14,11: Gott erhörte das beharrliche Flehen Jeremias für sein Volk nicht, und doch waren es keine selbstsüchtigen und keine lauen Bitten. Gott wies die Bitten ab, weil Er für das Volk Jeremias etwas Höheres vorgesehen hatte: Es sollte auf einer völlig neuen Grundlage in ein völlig neues Verhältnis zu Gott gesetzt werden, nämlich durch den Neuen Bund, den Gnadenbund (Jer 31,27-34).

2. Korinther 12,8-10: Paulus lernte hier, dass Gott ihm die Bitte nicht gewährte, weil Er ihm etwas Höheres geben wollte: Das Wissen und das Bewusstsein, dass Gottes Gnade genügt. Das gehörte zur notwendigen Ausrüstung des Verkündigers des Evangeliums der Gnade Gottes (Apg 20,24). Paulus war nach der Antwort Gottes glücklich: Er konnte Gott von da an für seine Schwachheiten und Nöte preisen. Und er war danach tüchtiger, den Menschen zu dienen. Er wusste, was er sagte, wenn er behauptete, Gottes Gnade genüge. Ihn und Sein Wohlgefallen haben ist mehr als aller Erfolg, alle Reichtümer und alle Gesundheit.

Ein weiteres Beispiel bietet Hebräer 11,35.

2. Gott sagt Nein, weil Er einen anderen Weg für uns vorgesehen hat

Gott sagt in Jesaja 55,8.9

> *„Denn meine Gedanken sind nicht eure Gedanken, und eure Wege sind nicht meine Wege, spricht der HERR. Denn wie der Himmel höher ist als die Erde, so sind meine Wege höher als eure Wege und meine Gedanken als eure Gedanken" (Jes 55,8-9).*

Entsprechend lässt er den Apostel nicht den Weg gehen, den dieser gerne gegangen wäre (Apg 16,6-10).

Monica, Augustins Mutter, hatte vergeblich für ihren noch immer ungläubigen Sohn gefleht, Gott möchte nicht zulassen, dass er vom nordafrikanischen Karthago nach Rom reise, oder auf alle Fälle nicht ohne sie, weil sie meinte, in der sündigen Hauptstadt des Reiches müsse ihr Sohn endgültig verloren gehen. Eines Nachts reiste Augustin nach Rom, ohne sich vorher von seiner Mutter verabschiedet zu haben. Aber er musste nach Rom, um von Rom nach Mailand gesandt zu werden; denn in Mailand musste er Ambrosius treffen, durch den er zum Glauben kam.

„Und in der gleichen Nacht fuhr ich heimlich weg, sie aber blieb zurück, betend und weinend. Und was, o du mein Gott, hat sie von dir erfleht mit so vielen Tränen, als dass du mich nicht reisen lassest ohne sie? Du aber, der du aus der Höhe schaust und ihres Wunsches tiefste Wurzel hörtest, du hast dich nicht darum gekümmert, worum sie damals bat, weil du an mir tun wolltest, worum sie immer bat" (Augustin, Bekenntnisse).

3. Gott sagt Nein, weil Er uns erziehen will

Lukas 10,38-42: Gott erhörte die Bitte Marthas nicht, denn Er wollte sie erziehen. Sie musste lernen, mit ihrem Platz vor Gott zufrieden zu sein, und sie musste lernen, dass ihre Schwester nicht ihr, sondern dem Herrn gehörte und deshalb Ihm allein verantwortlich war. Es muss die rührige Martha tüchtig gestochen haben, dass der Herr das passive Dasitzen ihrer Schwester obendrein noch als das bessere Teil empfahl.

Lukas 17,5-10: Die Jünger bitten den Herrn hier um etwas Gutes: „Mehre uns den Glauben!". Dennoch gibt Er den Jüngern nicht, was sie begehren. Vielmehr gibt er ihnen auf ihre Bitte zwei Antworten. Die erste (V. 6) zeigt, dass es nicht darum geht, dass sie mehr Glauben, sondern dass sie überhaupt Glauben haben. Die zweite (V. 7-10) verweist auf ein tiefer liegendes Problem: Die Jünger müssen zuerst lernen, dem Herrn zu dienen und zu gehorchen; dann würde Er ihnen auch jeweils den nötigen Glauben geben. Mit anderen Worten: Er würde ihnen nicht einen großen Vorrat an Glauben geben. Er wollte, dass sie beweisen, dass sie überhaupt Glauben haben, indem sie anfangen zu arbeiten (siehe Jak 2,20). Sie würden dann erfahren, dass der Herr ihnen immer so viel geben würde, wie sie brauchten – auch an Glauben.

4. Gott sagt „noch nicht"

Wir haben zahlreiche Beispiele für Beter, die lange auf die Erfüllung ihrer Bitten warten mussten – wie Abraham und Sarah, Hanna, die Mutter Samuels, David, Zacharias und Elisabeth, die Eltern Johannes des Täufers, die Syrophönizierin. Er hat, wie wir oben bereits gesehen haben, seine Gründe, warum Er uns oft warten lässt, auch wenn unsere Bitten gut sind und wir Glauben haben.

> *„Und darum wird der HERR verziehen, euch gnädig zu sein"*
> *(Jes 30,18).*

„Manchmal wartet Gott lange, bis er unsere Gebete beantwortet... Jakob musste bis zum Morgengrauen warten, bis er den Segen empfing... Der Syrophönizierin antwortete der Herr lange Zeit kein Wort. Paulus musste dreimal zum Herrn flehen, dass ihm der Pfahl im Fleisch genommen werde... Falls du lange schon an der Gnadenpforte gestanden und angeklopft hast, ohne dass dir Tür die aufgegangen wäre und der allmächtige Schöpfer dich hereingebeten hätte, dann will ich dir sagen, warum. Unser Vater hat seine Gründe, warum er uns warten lässt. Manchmal tut er es, um uns seine Macht und seine Souveränität zu zeigen, damit wir Menschen lernen, dass der Ewige das Recht hat, zu gewähren und zu verwehren. Meist verzieht er, weil er uns Besseres geben will. Gott weiß, dass hinausgezogenes Harren das Verlangen stärkt und mehrt, und dass du deine Not noch klarer erkennst, wenn er dich warten lässt, und dass du ihn dann eifriger suchen und den endlich empfangenen Segen umso mehr schätzen wirst. Es mag auch in dir ein Fehler sein, der zuerst abgelegt werden muss, ehe der Herr dir deine Freude gewährt. Vielleicht sind deine Ansichten über das Evangelium ein wenig mangelhaft, oder du vertraust auch ein wenig auf dich selbst, anstatt dass du dich ausschließlich auf den Herrn stützest. Oder Gott lässt dich noch etwas warten, weil er dir am Ende die Reichtümer seiner Gnade noch völliger erweisen will. Deine Gebete sind alle im Himmel verzeichnet, und wenn sie nicht sogleich beantwortet werden, so sind sie doch nicht vergessen, sondern sie sollen in kürze zu deiner Wonne und Zufriedenheit erfüllt werden. Lass nur nicht Mutlosigkeit dich stumm machen, sondern fahre fort mit ernstem, inbrünstigem Flehen" (Spurgeon, Morning & Evening, 9. dec. morning).

TEIL 5:
WIE KÖNNEN WIR BETEN LERNEN?

1. Bitte den Herrn: „Herr, lehre mich beten" (Lk 11,1)

Die Jünger hatten zunächst nur die großartigen Werke des Herrn gesehen und die wundersamen Worte gehört, die Er die Menschen lehrte. Es muss eine ganze Weile gedauert haben, bis sie begriffen, dass alle Seine Werke vor den Leuten nur ein Ausfluss Seines verborgenen Umgangs mit Gott und damit Seiner Gebete waren; denn Er konnte nichts tun, als was er den Vater tun sah (Joh 5,19). Als sie das begriffen hatten, baten sie Ihn: „Herr, lehre uns beten!" (Lk 11,1). Auch wir wollen das vom Herrn erbeten.

Diese Bitte ist erstens das Eingeständnis der Tatsache, dass wir noch lange nicht gelernt haben zu beten, wie wir beten sollten (siehe Röm 8,26), und zweitens der Tatsache, dass wir einen Lehrer brauchen, weil wir es uns nicht selber beibringen können. Wenn du den Herrn im stillen Kämmerlein, wo du mit Ihm allein bist, darum bittest, wird Er anfangen, dich zu lehren.

2. Vertraue dem Herrn, dass Er dich lehren wird

Er ist treu, Er erfüllt Sein Versprechen, dass wir, wenn wir Ihn bitten, auch empfangen. Und Er ist ein vollkommener Lehrer. Niemand kann so lehren wie Er (Hiob 36,22). Und bedenke: Er hat uns wiederholt befohlen zu beten. Wir können daher ohne allen Zweifel gewiss sein, dass Er Seinen Befehl in uns verwirklichen wird, wenn wir nur wollen und ihn deshalb darum bitten.

Es gibt zwei Schulräume, in denen Er dich abwechselnd empfängt. Einer ist die geschlossene Kammer. Wir lernen von Ihm beten, indem wir beten. Der andere ist die offene Bibel. Hier haben wir die Lehren des Herrn, das Vorbild des Herrn, die Lehren der heiligen Propheten und Apostel über Gebet mitsamt ihrem Vorbild. Beginne, alle Stellen in der Bibel zu markieren, in denen etwas über Gebet gesagt wird. Du wirst staunen, wie häufig Gebet im Alten und im Neuen Testament vorkommt, und du wirst immer klarer erkennen, wie unerlässlich Gebet für den einzelnen Gläubigen und für das ganze Volk Gottes ist, und du wirst lernen, wie und was wir beten sollen.

3. Warte auf das Reden des Herrn

Gottes Wort weckt den Glauben. Wir müssen immer wieder Sein Reden vernehmen, damit wir glauben und somit beten können. Darum musst du dir täglich genügend Zeit nehmen, um in Ruhe das Wort Gottes lesen zu können. Bete aber immer wieder darum, dass der Herr die Ohren öffnet, wie dem Gehörlosen von Markus 7,32. Als Er diesem die Ohren öffnete, löste er Ihm auch die Zunge (7,35). Wenn unsere Ohren aufgehen, so dass wir in der Bibel Gottes Stimme hören, löst sich auch unsere Zunge. Jetzt erst können wir recht reden, nämlich zu Gott reden. Wir können beten.

4. Warte auf das Wirken des Heiligen Geistes

Wir können nur im Geist und durch den Geist beten (Jud 20). Darum werden die in Sacharja 12 genannten Menschen erst anfangen zu beten, nachdem der Herr über ihnen „den Geist der Gnade und des Flehens" ausgegossen hat (Sach 12,10). Der Geist der Sohnschaft ist der Geist des Sohnes Gottes, der ins uns ruft: „Abba, Vater!" Durch den Geist rufen *wir,* und in uns ruft *der Geist* „Abba, Vater!", wie ein Vergleich von Römer 8,15 mit Galater 4,6 zeigt. Wir warten nicht passiv auf das Wirken des Geistes Gottes, sondern wir setzen uns Seinem Wirken aus, indem wir Gottes Wort lesen. Wir lesen es, halten still, denken über das Gelesene nach, wir beugen uns vor Gott, nehmen an, was er uns gesagt hat, wir lesen weiter, und immer wieder geschieht es dann: Gottes Geist beginnt uns zu erfüllen, und dann können wir mit Gewissheit vor Gott treten:

„Denn durch ihn (Christus) haben wir beide den Zugang durch einen Geist zu dem Vater" (Eph 2,18).

5. Glaube an Gottes vorlaufendes Wirken

Hebräer 1,3 sagt: Christus trägt alles durch das Wort Seiner Macht. In Epheser 1,11 hören wir: Gott wirkt alles nach dem Rat Seines Willens. Und in Philipper 2,13 vernehmen wir: Gott wirkt das Wollen und das Wirken all dessen, was Er will. Die letztgenannte Stelle lehrt mich, dass der Wunsch und Wille zu beten von Gott kommt. Wenn immer ich dazu gedrängt werde zu beten, oder wenn ich mich daran erinnere, dass ich beten könnte, darf ich wissen, dass Gott den Gedanken oder gar den Drang in mir geweckt hat. Er gibt den Willen zum Beten. Hat Er den Willen gegeben, gibt Er auch das Wirken nach seinem Wohlgefallen. Also lass dich auf die Knie fallen und harre auf den Herrn. Bald wird Seine Kraft dich erfüllen, so dass du mit Sehnen und mit Glauben beten kannst.

> *„Ihr habt nicht mich auserwählt, sondern ich habe euch auserwählt und euch gesetzt, auf dass ihr hingehet und Frucht bringet, und eure Frucht bleibe, auf dass, was irgend ihr den Vater bitten werdet in meinem Namen, er euch gebe"*
> *(Joh 15,16).*

Hier verknüpft der Herr Gebet und Gewissheit der Erhörung unmittelbar mit der Wahrheit der Erwählung und der daraus fließenden Vorherbestimmung. Wenn wir glauben und verstehen, dass es der Herr war, der mich erwählte und dazu bestimmte, dass ich Frucht bringen soll, und dass das geschieht, indem ich in Seinem Namen bete, dann können wir mit großer Freimütigkeit beten. Dann können wir den Vater um alles bitten, was nötig ist, damit wir eben diese vom Herrn verordnete Frucht bringen können.

6. Wir lernen Beten durch Beten

Beginne zu beten, dann beginnt der Herr dich zu lehren. Die Schule des Gebets findet eben in der Gebetskammer statt. Wenn du anfängst, regelmäßig Zeit vor dem Angesicht Gottes zu verbringen, dringst du immer tiefer ein in Gottes Wesen und Absichten, und gleichzeitig erkennst du dich selbst immer besser. Es braucht einerseits Glauben, um überhaupt beten zu können; aber es ist auch so, dass uns der Glaube gegeben wird und dass er wächst, wenn wir beten. Wenn du betest, empfindest du erst, wie lähmend dein Kleinglaube ist, und das drängt dich, es dem Herrn zu sagen und ihn zu bitten, deinem Unglauben abzuhelfen (Mk 9,24). Gottes Geist stärkt so deinen Glauben, der sich im Ausharren als echt bewährt und dabei immer stärker wird. Im Gebet breitest du deine Anliegen unter dem prüfenden Auge Gottes aus; in Seinem Licht werden deine Motive gewogen und, so sie gut sind, befestigt, und dein Bitten wird immer kühner. Wenn du mit Beten zuwartest, bis du Glauben hast, wirst du das Gebet des Glaubens nie lernen. Oder wenn du nach kurzer Zeit schon aufgibst, weil du den Glauben zum Bitten und Empfangen nicht sofort spürst, wirst du nie lernen, zu glauben, zu bitten und zu empfangen. Harrst du aber aus, suchst du regelmäßig die Kammer auf, wo Gott, dein Vater, im Verborgenen auf dich wartet (Mt 6,6), wirst du Ihm begegnen. Wer mit dem Gebet ernst macht, wird erfahren, wie uns der Geist des Glaubens nirgends so gewiss gegeben wird, wie vor dem Thron Gottes. Du wirst immer wieder mit Glauben und Gewissheit erfüllt werden; du wirst Gebetserhörungen erleben, und diese ermuntern dich, fortzufahren.

7. Suche einen Gebetspartner (Mt 18,19-20)

Die norwegische Missionarin Marie Monsen, die etwa 30 Jahre in China verbrachte und die Anfänge der Erweckung der Jahre 1927-1937 erleben durfte, fasste ihre Erfahrungen in einem schmalen Bändchen zusammen. Auf S. 38 steht dort unter der Überschrift „Der größte Tag in meinem Leben als Missionarin" Folgendes:

> „Der erste Tag, an dem wir zusammen beteten, indem wir uns bewusst auf die Verheißungen Gottes stützten, war der größte Tag in meinem Leben als Missionarin."

Nicht eine Gebetsheilung, nicht eine Massenbekehrung oder sonst ein aufsehenerregendes Ereignis markierte ihren größten Tag, sondern eben jener Tag, an dem sie eine Gebetspartnerin gefunden hatte, mit der sie sich von da an täglich zum Gebet traf. Das spricht Bände über das geistliche Verständnis dieser Frau.

8. Informiere dich über Gottes Wirken in seinem Volk

Informiere dich über Gottes Werk in der Welt durch Sein Volk gestern und heute. Dabei stößt du immer und immer wieder auf Beter, die Gott gebraucht hat und gebraucht, und auf Berichte von Gebeten, die erhört wurden. Das gibt Mut zum Beten.

Wenn wir die Geschichte der verschiedenen Erweckungen studieren, die Gott Seinem Volk seit Pfingsten geschenkt hat, werden wir feststellen, dass sie allesamt Gebetserweckungen waren. Das gilt für die Reformation, das gilt für die Erweckung unter den Herrnhutern, das gilt für die methodistische Erweckung des 18. Jahrhunderts, für die pietistischen Erweckungsbewegungen in Deutschland und Skandinavien im 19. Jahrhundert. Das gilt auch für die eben erwähnte Erweckung im China der Dreißigerjahre oder in Indien der Vierzigerjahre und danach im 20. Jahrhundert.

Jonathan Edwards und der Aufbruch zur Weltmission

Mit William Carey, der 1793 in Kalkutta landete, begann die von der angelsächsischen Christenheit vorangetriebene Weltmission, die innerhalb von hundert Jahren das Evangelium in alle Erdteile und zu allen Völkern trug. Das war eine Frucht von beharrlichem, regelmäßigem und planmäßigem Gebet um Erweckung in verschiedenen Ländern der englischsprachigen Welt. Jonathan Edwards stand in Korrespondenz mit Dienern des Herrn in der alten Welt im gemeinsamen Ansinnen, alle Christen zu beharrlichem Gebet um die Ausbreitung des Reiches Gottes zu vereinen. 1744 bildete sich in Schottland eine Gruppe von evangeliumsgemäß glaubenden Pastoren, die sich regelmäßig trafen:

> „...vereint in außergewöhnlichem Flehen zum Gott aller Gnade... um ernsthaft zu beten, dass er in Seiner Herrlichkeit erscheinen und Zion Gunst erweisen möchte, dass Er sein Erbarmen der Menschenwelt manifestiere und durch ein reichliches Ausgießen des Heiligen Geistes über alle Gemeinden und die ganze bewohnte Erde die wahre Religion in allen Bereichen der Christenheit belebe und alle Nationen von ihren großen und mannigfaltigen geistlichen Nöten befreie und sie beschenke mit den unaussprechlichen Segnungen des Reiches Christi, unseres herrlichen Erlösers..." (I. Murray: Edwards S. 293).

Einem von diesen schottischen Pastoren schrieb J. Edwards am 12. Mai 1746:

> „Betreffend Euer Anliegen um gemeinsames Gebet um eine Ausgießung des Geistes Gottes, haben sich die Bewohner unseres Städtchens mehrheitlich dieser Sache angeschlossen. Vor Ende des vergangenen Quartals predigte ich über unsere Pflicht, gemeinsam um ein allgemeines Ausgießen des Geistes zu beten..."

Im Februar 1747 drängte Edwards seine Gemeinde durch eine Predigt über Sacharja 8,20-22, unablässig zum Herrn um eine Erweckung zu flehen. Die Predigt erschien in gedruckter Form unter dem Titel:

> Ein demütiger Versuch, ausdrückliche Übereinkunft und sichtbare Einheit in Gottes Volk zu fördern zum außergewöhnlichen Gebet um Erweckung der Religion und Ausbreitung des Reiches Christi auf Erden, anhand von biblischen Verheißungen und Weissagungen über die letzten Tage (I. Murray: Edwards, S. 295).

Er heißt darin unter anderem:

> „Das Reich Gottes breitet sich aus durch die Kraft des Heiligen Geistes, welche die Predigt des Evangeliums begleitet. Und jenes Reich hat noch keineswegs die Enden der Erde erreicht, denn ein großer Teil der Welt ist erst kürzlich entdeckt worden, und vieles

ist bis zum heutigen Tag noch unentdeckt" (I. Murray: Edwards, S. 296).

Georg Müller

Georg Müller hatte das große Verlangen, durch sein persönliches Leben des Glaubens Gott zu ehren und dem Volk Gottes zu beweisen, dass Gott treu ist und Gebete erhört. Der Herr gab ihm im Lauf seines Lebens nicht allein viele Millionen britische Pfund, um die gigantische Waisenhausarbeit zu unterhalten und mit großzügigen Gaben die Weltmission zu fördern, sondern Müller erlebte auch zahllose Erhörungen im Gebet um verlorene Menschen. Er selbst sagte, dass Gott ihm unzählige Seelen als Antwort auf gläubiges Gebet geschenkt hat. Als er nach dem Grund seiner Glaubensgewissheit gefragt wurde, antworte er:

„Es sind fünf Bedingungen, die ich stets zu erfüllen trachte. Wenn ich es tue, bekomme ich immer Gewissheit, dass Gott mein Gebet erhört:

1. Ich habe nicht den geringsten Zweifel, weil ich dessen gewiss bin, dass es Gottes Wille ist, sie zu retten und sie zu Erkenntnis der Wahrheit zu bringen (1Tim 2,4), und wir haben die Gewissheit: ‚Wenn wir etwas nach seinem Willen beten, hört er uns' (1Joh 5,14).

2. Ich habe nie um ihre Errettung gefleht in meinem Namen, sondern immer im hoch gelobten Namen meines wunderbaren Herrn Jesus und auf der Grundlage Seines Verdienstes allein (Joh 1,14).

3. Ich habe immer fest daran geglaubt, dass Gott willens ist, mein Gebet zu erhören (Mk 11,24).

4. Ich bin mir keiner Sünde in meinem Leben bewusst, denn: ‚Wenn ich es in meinem Herzen auf Frevel abgesehen hätte, so würde der Herr nicht gehört haben' (Ps 66,18).

5. Ich bete inzwischen für einige Menschen schon 52 Jahre und ich werde weiterbeten, bis Gott erhört: ‚Gott aber, sollte er das Recht seiner

Auserwählten nicht ausführen, die Tag und Nacht zu ihm schreien?' (Lk 18,7)."

Jim Fraser

„Es gehört zu den hinterlistigsten Schlichen des Feindes, uns bei unabdingbaren, jedoch zweitrangigen Dingen unseres Dienstes - bei mir Sprachstudium, Schriftenverkauf, Berichterstattung, Korrespondenz, Buchführung, Stationsverwaltung, Literatur - festzuhalten. Er liebt es, uns dadurch so vollkommen ausgefüllt zu sehen, dass kein Raum für das Hören auf Gott und für das Reden mit Ihm bleibt. Wir werden dem Feind dann weder Widerstand leisten noch seine Bollwerke in Menschenherzen angreifen. Das muss den Christen bewusst werden" (Lorch, S. 38).

9. Zeit und Wachstum

Seit es die Schöpfung gibt, gibt es Zeit. Das bedeutet, dass alles Erschaffene und jedes Geschöpf dem Gesetz von Zeit und Wachstum unterstellt ist. Wenn du in diesen Tagen beschlossen hast, mit Gottes Hilfe ein Beter zu werden, dann wisse, dass du es nicht in einem Tag oder einer Woche oder einem Monat sein wirst.

Wenn wir an die Bedingungen zum erhörlichen Beten denken - wir müssen mit Glauben, nach Gottes Willen, zu Gottes Verherrlichung, mit Ausharren, im Namen Jesu, im Heiligen Geist beten -, dann verstehen wir, dass wir es nicht schnell lernen werden. Aber wir werden es lernen, denn der Herr selbst hat uns gerufen, Fürbeter, Priester Gottes zu sein, durch deren Gebete das Reich Gottes kommen soll. Vertraue Ihm, suche Ihn, warte still auf Ihn, und Er wird sein Werk an dir tun. Er wird dich lehren, Er wird deinen Glauben mehren, Er wird deine Freimütigkeit wachsen lassen. Ja, du wirst es gewiss lernen, zu bitten und zu empfangen, damit deine Freude völlig sei.

TEIL 6:
EINE BETENDE GEMEINDE

Gott will, dass wir nicht nur als Einzelne, sondern auch als Gemeinde im Glauben, in der Erkenntnis und im Dienst wachsen. Darum müssen wir eine betende Gemeinde werden. Der Herr hat es uns wiederholt befohlen; die Apostel haben es gelebt, und sie haben es gelehrt.

Neben den Verheißungen für das persönliche Gebet, hat der Herr besondere Verheißungen für das gemeinsame Gebet geben (1Kön 8,29.30; 2Chr 7,14; Mt 18,19.20).

1. Das betende alttestamentliche Gottesvolk

2. Chronik 20,3-13: Angesichts nahender Feinde rief Josaphat das ganze Volk zusammen, so dass „ganz Juda vor dem HERRN stand, samt ihren Kindern, ihren Frauen und ihren Söhnen" (V. 13). Auf Josaphats Gebet hin antwortete Gott sogleich durch einen Propheten (V. 14-17), und diese Antwort erfüllte Josaphat und das ganze Volk mit Gottesfurcht – darum fielen sie nämlich vor Gott nieder – mit Gewissheit und anbetender Freude (V. 18-19). Warum geschieht es unter uns so selten, das wir als Gemeinde beten und dann ein Wort Gottes empfangen, das auf uns ebenso wirkt?

Esra 8,21-23: Diese Art Gebet ist inzwischen unter dem Volk Gottes sehr selten geworden. Wann haben wir als versammelte Gemeinde zu letzt gefastet und gebetet in einer ganz bestimmen Sache, und dann von Gott die Antwort bekommen? Woher hatte Esra diese große Freimütigkeit? Wo hatte er gelernt, so zu beten? In der Schule Gottes und in der Schule der biblischen Beter: Abraham, Mose, David, Elia, Jesaja, Daniel. Esra stützte sich auf präzise Verheißungen (Jes 43,1.2; Ps 34,16.17).

Nehemia 9,1-4: Diese Art Gebet kennen wir noch am ehesten; denn es ist allgemein, es ist unbestimmt, es findet sich auch kein Vermerk der

Erhörung. Diese Art Gebet hat im Volk Gottes also auch ihren Platz; aber wenn das alles ist, fehlt etwas ganz Entscheidendes.

Psalm 80,2-5: Wo findet sich unter uns ein so klares Bewusstsein dafür, wie unnormal es ist, wenn die Gemeinde immer wieder betet und betet und nicht erhört wird? Oder dass es ein Beweis dafür sein könnte, dass Gott uns zürnt? Haben wir uns schon gefragt, ob der Herr etwas gegen uns hat (wie damals bei der Gemeinde in Ephesus, Off 2,4), oder ob unsere routinemäßig vorgebrachten Gebete Gott vielleicht gar nicht gefallen?

2. Die Lehre des Herrn

Matthäus 6,9-13: In Matthäus 6,5.6 stellt der Herr das Gebet der Heuchler dem Gebet des Glaubens gegenüber. Hier sagt er: „Wenn *du* betest." Denn ob man geheuchelt oder echt betet, ist eine rein persönliche Sache. In Kapitel 6,7-9 stellt Er das Plappern der Heiden dem Gebet des Glaubens gegenüber. Dabei sagt Er: „Betet *ihr* nun so..." Hier haben wir folglich Richtlinien für das gemeinsame Gebet, für das Gemeindegebet (vgl. Mt 9,27; 20,30, wo zwei Blinde gemeinsam zum Herrn rufen; Lk 8,24, wo die Jünger gemeinsam zum Herrn rufen; Lk 17,13, wo zehn Aussätzige gemeinsam zum Herrn rufen). Die Fürwörter „*Unser* Vater ...vergib *uns*..." zeigen, dass es ein Gebet ist, das die Gemeinschaft betrifft. Wir werden untereinander schuldig aneinander; wir sind als ganze Gemeinde schuldig, weil wir so weit von dem entfernt sind, was wir als Gemeinde sein sollten.

Wir müssen als Gemeinde beten, dass sein Reich komme. Wie geschieht das? Durch Fürbitte für die Heiligen, durch Gebet für Missionare, durch Gebet für die Weltmission. Wann machen wir das als Gemeinde? Wie häufig machen wir das?

Matthäus 9,38: Hier fordert der Herr zum gemeinsamen Gebet um Arbeiter für den gemeinsamen Auftrag auf. Wie machen wir das als Gemeinde? Wann beten wir als Gemeinde um Arbeiter? Wie viele Arbeiter hat Er unter uns erweckt und aus unserer Mitte ausgesandt?

Matthäus 18,19.20: Gemeinsames Gebet und die Gegenwart des Herrn in unserer Mitte - was ist die Gemeinde ohne seine Gegenwart? - hängen untrennbar miteinander zusammen. Wir müssen also sagen: Wo eine Gemeinde wirklich den Herrn im Mittelpunkt hat, wird sie eine betende Gemeinde sein. Sie wird eine Gemeinde, die so betet, dass sich Gottes Reich ausbreitet und dass Gottes Wille geschieht. Und wir müssen sagen: Wo eine Gemeinde nicht so betet, ist nicht der Herr in der Mitte, sondern andere oder anderes. Oder er ist es nur dem Bekenntnis nach, aber nicht in lebendigem Glauben und in lebendiger Wirklichkeit.

3. Das gemeinsame Gebet der ersten Christen

Apostelgeschichte 1,14; 2,42; 4,23-31; 12,5.12: 13,3; 14,23; 20,36; 21,5

Christen fielen als Menschen auf, die zusammen mit andern den Namen des Herrn anriefen (1Kor 1,1.2; 2Tim 2,22).

4 . Wofür beten wir als Gemeinde?

a) Um die Bewahrung der Herde (Ps 28,2.9; Joh 17,11)
b) Um Heiligung der Gemeinde (Joh 17,17)
c) Um Einheit der Heiligen (Joh 17,20.21)
d) Um das Kommen des Reiches (Mt 6,10)
e) Um das Wachsen der Gaben und Dienste (1Kor 14,1)
f) Für die Diener des Herrn (Röm 15,30)
g) Für das freie Laufen des Wortes (Eph 6,19; 2Thes 3,1)
h) Um Aussendung von Arbeitern (Mt 9,38)
i) Um die Errettung von Seelen (1Tim 2,1-4)
k) Für die Obrigkeit (1Tim 2,1-4; Ps 65,6-8; Offb 8,4.5)

5. Auswirkungen auf das Gemeindeleben

a) Die Gemeinde bleibt von Gott abhängig; sie erfährt Seine Führung und Bewahrung (wie in Apg 1,14.24; 13,3).
b) Wir wachsen im Bewusstsein, dass wir ohne Ihn nichts können.
c) Wir wachsen zusammen: Wenn zwei Brüder oder zwei Schwestern sich regelmäßig zum gemeinsamen Gebet treffen, kann sie fast nichts auseinander bringen. Wenn Geschwister einer Gemeinde viel zusammen beten, werden sie kaum je Spaltungen erfahren.
d) Wir können Angriffe überwinden (Apg 4,23-31; 12,5; Jak 4,1.2).
e) Menschen kommen zum Glauben. Aber wir müssen regelmäßig und mit Namen für Menschen beten (1Tim 2,1-4).
f) Gott beginnt in der Gemeinde zu wirken. Er will und er kann noch viel mehr tun, als wir nur ahnen (Eph 3,20.21).

6. Hilfen zum Gemeindegebet

a) Von Zeit zu Zeit über Gebet predigen; das fördert das Gebetsleben des Einzelnen, und das wiederum fördert das Gebetsleben der Gemeinde. Nur: Es sollte keiner in der Gemeinde über Gebet predigen, wenn er nicht selber ein Beter ist.
b) Gebetsstunden für die ganze Gemeinde, für einzelne Dienstgruppen (Sonntagsschule, Kindermission, Jungschar, Jugend, evangelistische Hauskreise), eine regelmäßige Missionsgebetsstunde, in der man alle Gebetsnachrichten, die in der Gemeinde von Missionaren eingehen, durchbetet.
c) Besondere Gebetsanlässe: Gebetsnächte; besondere Tage, an denen wir zum Gebet zusammenkommen.
d) Sich mit Einzelnen regelmäßig zum Gebet treffen: in Paaren; in kleinen Gruppen.
e) Dafür sorgen, dass in den Zusammenkünften große Freimütigkeit zum Beten ist. Was ermutigt zum Beten? Was entmutigt vom Beten?
f) Beim gemeinsamen Beten initiativ sein. Lange Pausen dämpfen den Geist und ersticken den Gebetsgeist. Im Kämmerlein ist schweigendes Beten in Ordnung; in der Gemeinschaft ist das nicht hilfreich.

g) Gebetsstunden gut vorbereiten: Gebetsanliegen ordnen, klar und verständlich präsentieren.

h) Gebetserhörungen bekannt geben, gemeinsam dafür danken.

Eine kleine Bücherliste

Brainerd, David: The Life and Diary of, ed. Jonathan Edwards, Baker Book House, Grand Rapids, Michigan, 2006

Bunyan, John: I Will Pray with the Spirit and with the Understanding also. A Discourse touching Prayer, in: The Works of John Bunyan, Vol. I, S. 621-640.

Carré, Captain E. G.: Praying Hyde - The Life Story of John Hyde, Apostle of Prayer, Bridge-Logos, 2004. Auf Deutsch in gekürzter Form: John Hyde, der Beter. Verlag Bibelschule Beatenberg, 1982

Edwards, Jonathan: The Religious Affections. Banner of Truth Trust, Edinburgh.

Hayden, Eric W.: Spurgeon on Revival. A Pattern for Evangelism Today, Zondervan 1962. Auf Deutsch erschienen unter dem Titel: Die Kraft liegt in der Wahrheit. C. H. Spurgeon über Erweckung, Oncken Verlag 1988

Harvey, E. F.: Sieghaftes Beten, Schulte und Gerth, 1985

Koshy, T. E.: Brother Bakht Singh of India. Secunderabad 2003. Auf Deutsch erschienen unter dem Titel „Bakht Singh. Ein auserwähltes Werkzeug Gottes in Indien" im Verlag CLV, Bielefeld

Lorch, Johanna: Betern öffnet sich die Tür. Bad Salzuflen 1965

Lyall, Leslie T.: John Sung - Flame for God in the Far East, Overseas Missionary Fellowship, London 1965

Monsen, Marie: The Awakening. Revival in China 1927-1937. China Inland Mission, London 1961. Auf Deutsch: Erweckung in China 1927-1937, Herold Verlag, Frankfurt

Müller, Georg: Answers to Prayer. Moody Press, Chicago

Murray, Andrew: With Christ in the School of Prayer, Barbour Publishing, 2005
— The Ministry of Intercession. Lakeland, London, 1975

Murray, Iain H.: Jonathan Edwards. A New Biography. Banner of Truth Trust 1992

Nee, Watchman: A Living Sacrifice. Christian Fellowship Publishers, New York 1972
— The Prayer Ministry of the Church, Christian Fellowship Publishers, New York 1973

Rajamani, R. R.: Durchbruch - Geistliches Erwachen in Südindien. Berneck 1987

Taylor, Howard: Behind the Ranges. The Story of J. O. Fraser. Moody Press, Chicago

Taylor, Hudson: Union and Communion, or: Thoughts on the Song of Solomon. China Inland Mission, London 1951. (Deutsch: Das Hohelied. Verlagsbuchhandlung Bethel, Hamburg 1951)

Tyerman, Luke: The Life of the Reverend George Whitefield, 2 Bde. Need of the Times Publishers, Reprint 1995

Unbekannter Verfasser: The Kneeling Christian, Zondervan 1986, auf Deutsch erschienen unter dem Titel: Der kniende Christ. Herold Verlag 1993

Whitefield, George: Journals. Banner of Truth Trust, 1989
— Letters for the Period 1734-1742. Banner of Truth Trust, 1976

ANHANG
DAS GEBETSLEBEN EINER GESUNDEN GEMEINDE

Wolfgang Bühne

"Sie verharrten aber ... in den Gebeten." **(Apg 2,42)**

Die Erde bebt und Türen öffnen sich

Wenn man die Apostelgeschichte aufmerksam liest, fällt ein deutlicher Zusammenhang zwischen dem gemeinsamen Gebet und den Wirkungen des Heiligen Geistes auf. Bevor der Heilige Geist in Kapitel 2 ausgegossen wurde und alle mit „Heiligem Geist erfüllt" wurden, lesen wir, dass die Jünger des Herrn mit weiteren Brüdern und Schwestern „einmütig im Gebet verharrten".

Zwei Kapitel weiter finden wir die erste und eindrückliche Schilderung einer Gemeinde-Gebetsversammlung, in welcher wiederum „einmütig" gebetet wurde mit einem sehr eindrücklichen Ergebnis: „Und als sie gebetet hatten, bewegte sich die Stätte, wo sie versammelt waren; und sie wurden alle mit Heiligem Geist erfüllt und redeten das Wort Gottes mit Freimütigkeit" (Apg 4,31).

Auch bei der Schilderung der ersten Missionsreise der Apostel Paulus und Barnabas (Apg 13) erkennen wir ein ähnliches Muster: In Antiochien wurde gebetet – der Heilige Geist wird wirksam und ordnet die Aussendung der Apostel an – das Evangelium wird verkündigt – Paulus wird mit Heiligem Geist erfüllt – Menschen kommen zum Glauben.

In seinen Briefen macht Paulus häufig den gleichen Zusammenhang deutlich. So bittet er die Epheser häufig, anhaltend für ihn zu flehen, damit er freimütig seinen Mund zur Verkündigung des Evangeliums öffnen kann (Eph 6, 18-19).

Den Kolossern schreibt er: „Verharrt im Gebet und wacht darin mit Danksagung; und betet zugleich auch für uns, damit Gott uns eine Tür des Wortes auftue, das Geheimnis des Christus zu reden ..." (Kol 4, 2-3). Freimütigkeit in der Bezeugung des Evangeliums, offene Türen bzw. offene Herzen und das damit verbundene Gemeindewachstum durch das Wirken des Heiligen Geistes hängt also in erster Linie und unmittelbar mit dem persönlichen und gemeinschaftlichen Gebet zusammen.

Gebetsanliegen

Natürlich ist Evangelisation und Mission ein besonders wichtiges Anliegen für die Gebetsversammlung. Aber es gibt eine Menge weiterer Aufgaben und Nöte, die uns als Gemeinde auf die Knie treiben sollten. Ein Beispiel dafür finden wir auch in der Apostelgeschichte: Als Petrus von Herodes ins Gefängnis gesteckt wurde, kam die Gemeinde in Jerusalem spontan im Haus der Maria zusammen, um „anhaltend für ihn zu Gott zu beten" (Apg 12,5). Auch diese Gebetsstunde war offensichtlich nicht auf 60 Minuten begrenzt, denn als Petrus mitten in der Nacht von einem Engel aus dem Tiefschlaf geweckt und durch offene Türen aus dem Gefängnis geführt wurde, suchte er das Haus der Maria auf, wo die Gemeinde immer noch zum Gebet versammelt war.

Wir sollten dringend und viel mehr als bisher für Geschwister beten, die um des Evangeliums willen leiden oder verfolgt werden. Weiter werden wir aufgefordert, für unsere Obrigkeit zu beten, für Kranke, für abgeirrte oder in Sünde verstrickte Geschwister usw. (vgl. 1Tim 2,1-2; Jak 5,16).

Anhaltendes gemeinsames und persönliches Gebet wird auch hier Türen öffnen, Ketten sprengen und Kranke heilen, wenn es Gottes souveränem Willem entspricht. (Beachten wir, dass wenige Verse vor dem Bericht der Befreiung des Petrus die Hinrichtung des Apostels Jakobus mitgeteilt wird. Sehr wahrscheinlich ist für ihn nicht weniger als für Petrus gebetet worden!)

Die Gebetsversammlung – das „Aschenputtel" der heutigen Gemeinden!

Die geistliche Gesetzmäßigkeit, die bedingt, das anhaltendes Gemeindegebet Auswirkungen hat und unter dem Segen göttlicher Verheißungen steht, ist uns allen gut bekannt und begegnet uns auf allen Seiten der Kirchengeschichte – auch in jüngerer Zeit. Dennoch ist die Gemeinde-Gebetsstunde das „Aschenputtel der heutigen Gemeinden", wie Leonhard Ravenhill das einmal sehr drastisch, aber treffend beschrieben hat:

> „Das Aschenputtel der heutigen Gemeinde ist die Gebetsversammlung. Diese Dienerin des Herrn bleibt ungeliebt und unbeachtet, denn sie behängt sich nicht mit den Perlen der Intellektualität, noch glänzt sie mit den Seidenstoffen der Philosophie oder bezaubert mit der dreifachen Krone der Psychologie. Sie trägt das Selbstgestrickte der Ernsthaftigkeit und Demut und schämt sich nicht zu knien!
>
> Gebet ist deshalb so anstößig, weil es im Grunde nicht zu geistiger Wirksamkeit passt ... Gebet hängt nur von einem ab, nämlich von Geistlichkeit. Man braucht nicht geistlich sein, um zu predigen – das heißt homiletisch perfekte und exegetisch genaue Vorträge auszuarbeiten und zu halten ... Predigen hat Auswirkungen auf die Zeit – Beten hat Auswirkungen auf die Ewigkeit. Die Kanzel kann ein Schaufenster sein, in dem wir unsere Talente ausstellen; im stillen Kämmerlein findet jede Selbstdarstellung ihr Ende."

Ein Indikator des geistlichen Lebens

Wenn der Stellenwert des Gebets und der Besuch der Gebetsversammlung tatsächlich der Indikator für das geistliche Leben einer Gemeinde ist, dann sieht es in unseren Gemeinden traurig aus. Das ist jedenfalls der Eindruck, den man in den vergangenen Jahren beim Besuch vieler Gemeinden verschiedenster Prägung in verschiedenen Ländern gewonnen hat.

Eigenartiger Weise ist die Gebetsstunde auch in solchen Gemeinden ein Stiefkind, die mit großen Buchstaben „Gemeindewachstum" auf ihre

Fahne geschrieben haben. Aber eine wachsende Gemeinde, deren Gebetsversammlung schrumpft, ist nicht nur gefährlich erkrankt, sondern lebt trotz wachsender Mitgliederzahlen in einer Selbsttäuschung dahin und leidet unbewusst an einer zunehmenden Erblindung über den eigenen geistlichen Zustand.

„Wenn du jemand demütigen willst, dann frage ihn nach seinem Gebetsleben!" Diese treffende Beobachtung von Oswald Sanders, die aus den Erfahrungen seines jahrzehntelangen Dienstes in allen Erdteilen resultiert, sollte auch uns immer wieder zur Selbstprüfung veranlassen.

Wenn auch Bibelwochen weitgehend aus der Mode gekommen sind, so gibt es doch hier und da noch Bibeltage. Aber wo gibt es Gebetswochen oder Gebetstage? Gebetsnächte kennen wir fast nur noch aus älteren Biographien – woran liegt das?

Sicherlich sind der Besuch und die Intensität unserer Gebetsversammlungen ein Spiegel unseres persönlichen Gebetslebens. Wer zu Hause täglich nur fünf Minuten im Gebet zubringt, wird kaum Interesse daran haben, mit der Gemeinde fünfzig Minuten zu beten!

Als wir vor ca. zwei Jahren als Gemeinde durch den bedrohlichen Krankheitszustand einer jungen Ehefrau und Mutter etwa drei Wochen jeden Abend auf die Knie getrieben wurden, haben wir etwas von dem Segen und der Wirkung des anhaltenden Gebets gespürt. Als wir nach der Genesung der Schwester mit den täglichen Gebetsversammlungen aufhörten, waren wir alle irgendwie eigenartig berührt. Eigentlich gab es noch viele andere Anliegen und vor allem viele geistliche Krankheitsfälle in unseren Familien und in unserem Umfeld – Grund genug, um täglich gemeinsam zum Gebet auf die Knie zu gehen, aber...?

Gründe für die Geringschätzung der Gebetsversammlung

- „Die Gebetsstunde bringt mir nichts, was habe ich davon!?"
- „Beten kann ich genau so gut zu Hause!"
- „Die Gebetstunde ist langweilig, ich weiß schon im Voraus, was die Brüder X und Y beten werden."

- „In der Gebetsversammlung schlafe ich regelmäßig ein. Da bleibe ich lieber gleich zu Hause."
- „Ich kann mich beim Gebet nicht konzentrieren – die Gedanken gehen auf die Reise."

Man könnte hier noch eine ganze Anzahl weiterer Gründe nennen und jeden ausführlich beantworten. Doch dafür fehlt hier der Raum. Deshalb hier nur einige Thesen:

1. Gebetsversammlungen sind nicht da, um etwas zu empfangen, sondern um etwas zu geben: Zeit, Interesse und Anteilnahme für Gottes Anliegen und für die Freuden und Leiden unserer Mitgeschwister und Mitmenschen.
2. Natürlich kann und soll man zu Hause beten. Aber Gott hat auf das gemeinsame und einmütige Gebet eine besondere Verheißung gelegt (Mt 18,19-20). Das setzt allerdings voraus, dass in der Gebetsversammlung für konkrete Anliegen der Gemeinde gezielt gebetet wird. Der öffentlich Betende ist dann der Sprecher der Gemeinde zu Gott und die anwesenden Geschwister bekräftigen das Gebet mit einem lauten „Amen".
3. Die Gebetsversammlung ist nicht der Ort, wo jeder seine persönlichen, privaten Anliegen vor Gott ausschüttet. Das sollte zu Hause hinter verschlossenen Türen geschehen. In der Gemeinde sollten wir gezielt für gemeinsame Anliegen beten, wobei man die Geschwister natürlich auch um Fürbitte in persönlichen Nöten oder Situationen bitten darf, die dann zu einem gemeinsamen Anliegen werden.
4. Wenn vor dem Beten die verschiedenen Anliegen gesammelt und genannt werden und dann für die einzelnen Anliegen gezielt, kurz und laut gebetet wird, dann schläft keiner ein. „Kurze Gebete sind lang genug", pflegte Spurgeon zu sagen. Und wer in der Öffentlichkeit lange Gebete spricht, wird vermutlich zu Hause im Kämmerlein nur kurze Gebete sprechen.

Man kann in den meisten Fällen in 30 – 60 Sekunden gezielt und ernsthaft für ein Anliegen beten. Auf diese Weise können in einer Gebetsversammlung 40 – 60 Gebete von vielen Geschwistern an den Herrn gerichtet werden. Und wenn das für alle Anwesenden gut verständlich und ohne Ausschweife getan und jedes Gebet mit einem lauten „Amen" bestätigt wird, dann wird keine Langeweile und Schläfrigkeit aufkommen.

Leider hat sich in vielen Gemeinden die Unsitte eingeschlichen, die Gebete für geistliche Belehrungen oder gezielte Seitenhiebe gegen anwesende Geschwister zu missbrauchen. Dadurch wird der Heilige Geist gedämpft. Eine solche Praxis sollte mit Nachdruck unterbunden werden.

Wir sind sehr dankbar zu einer Gemeinde zu gehören, an deren Gebetsversammlung ein großer Teil der Geschwister teilnimmt, wobei wir viele junge Familien haben, von denen nur ein Elternteil zur Gebetsstunde kommen kann. Viele Geschwister haben geäußert, dass ihnen die Gebetsversammlung die wichtigste und lebendigste Zusammenkunft ist.

Die äußere Form

Auch für diese Gemeindeversammlung finden wir im Neuen Testament keine Anweisungen, wie oder wie oft in der Woche eine solche Gebetsstunde stattfinden soll. Ob man zuerst ein Lied singt, oder zunächst einige Schriftstellen liest, jemand eine kurze Ansprache zum Thema Gebet hält oder aber die Zusammenkunft mit dem Zusammentragen der Gebetsanliegen beginnt, darüber verliert die Schrift kein Wort. Ob man beim Beten knien, sitzen, stehen oder auf dem Angesicht liegen soll, wird auch nicht vorgeschrieben. Wohl aber finden wir deutliche Anweisungen, in welcher geistlichen Verfassung gebetet werden soll – und das ist zweifellos wichtiger als der äußere Rahmen: „Ich will nun, dass die Männer an jedem Ort beten, indem sie heilige Hände aufheben, ohne Zorn und zweifelnde Überlegungen" (1 Tim 2,8).

Wenn einmütig gebetet wird und keine unbereinigte Sünde oder Streitigkeiten die Gemeinschaft belasten, dann werden von solchen Gebetsversammlungen auch in unserer Zeit Segenswirkungen in unsere nähere und ferne Umgebung ausgehen. Wenn auch vielleicht die Wände und Mauern nicht beben werden wie in apostolischen Zeiten, so werden doch Mauern zwischen Menschen fallen, Wände der Einsamkeit und Isolation um Herzen dem Wirken Gottes weichen müssen und sicher auch Hände und Beine in Bewegung kommen, denn eine ernsthaft und einmütig betende Gemeinde wird zuerst an sich selbst die Veränderung erleben, die von solchen Gebetsversammlungen ausgeht.

Organisatorische Konzepte zur Belebung der Gebetsversammlungen werden – wenn überhaupt – nur vorübergehend Veränderungen bewirken. Gebet ist eine Lebensäußerung der Gemeinde. Wenn die einzelnen Glieder nicht ihre Abhängigkeit vom Herrn fühlen und in ihrem Privatleben ein intensives Gebetsleben führen, werden alle künstlichen Wiederbelebungsversuche scheitern.

Wenn aber der geistliche Notstand einige wenige Geschwister gemeinsam auf die Knie treibt und sie sich gemeinsam vor dem Herrn demütigen und anhaltend um Heilung flehen, wird Gott antworten und eine geistliche Gesundung schenken.

> „Seit dem Pfingsttag hat es nirgends auch nur eine große geistliche Erweckung gegeben, die nicht in einer Gebetsversammlung, und sei es nur von zwei oder drei Betern, begonnen hätte. Und keine solche nach außen und oben gerichtete Bewegung hat weiter bestanden, nachdem diese Gebetsversammlungen aufhörten." (A.T. Pierson)

Beim Christlichen Mediendienst (CMD) sind weitere Bücher und Medien erhältlich:

Arnold G. Fruchtenbaum

Das Leben des Messias
Zentrale Ereignisse aus jüdischer Perspektive

CMD, Paperback, 176 Seiten
ISBN 978-3-939833-05-5

Euro 9,50

Manchmal haben an Christus gläubig gewordene Juden einen besseren Zugang zum Wort Gottes als Christen aus den Nationen. Vor allem dann, wenn sie solch gründliche Studien durchlaufen haben wie Arnold G. Fruchtenbaum.

In diesem Buch beschäftigt sich der Autor mit zentralen Ereignissen im Leben des Messias. Er beleuchtet schlichte Evangelientexte – wie zum Beispiel die Geburt oder die Verklärung Jesu – im Licht ihres jüdischen Bezugsrahmens und beschränkt sich dabei besonders auf die Passagen im Leben Jesu konzentrieren, die das Wissen um den jüdischen Hintergrund zum Verständnis benötigen. Der Leser wird dabei große Kostbarkeiten entdecken, die ihm zu einem tieferen Verständnis der Schrift verhelfen können.

Wilfried Plock
Toolbox Gemeindebau

CMD, DVD,
ISBN 978-3-939833-09-3
Euro 14,90

Veränderte Zeiten erfordern angepasste Werkzeuge. Wilfried Plock hat hier einen kompletten „Werkzeugkasten" (englisch: Toolbox) vorgelegt, nämlich eine DVD, die mehr als 4 Gigabyte Daten zum Bereich Gemeindebau enthält: 165 Audio-Vorträge im MP3-Format, ergänzt durch 375 Text-Manuskripte und zum großen Teil mit passend gestalteten Folientexten für Tageslichtprojektor oder Beamer u. a. zu fast allen MP3-Vorträgen plus 45 fertige PowerPoint-Präsentationen. Folgende Themenbereiche werden behandelt: Evangelisation, Unterscheidungslehre, Ehe – Familie – Erziehung, Wachstum im Glauben, Gemeindebau und Seelsorge. Eine wertvolle Hilfe für die praktische Mitarbeit in der Gemeinde.

Christlicher Mediendienst – CMD

Postfach 1322 · D-36082 Hünfeld
Telefon: (06652) 91 81 87 · Fax: (06652) 91 81 89
E-Mail: mail@mediendienst.org
Internet: www.mediendienst.org